JN438587

조창원 시전집

소록도 세레나데

Oil on canvas 구라탑

오늘의문학사

▪ 소록도 성모상과 십자가상을 모시고 준공식에서 광주교구 헌리대주교님과 함께 (1962. 5. 2)

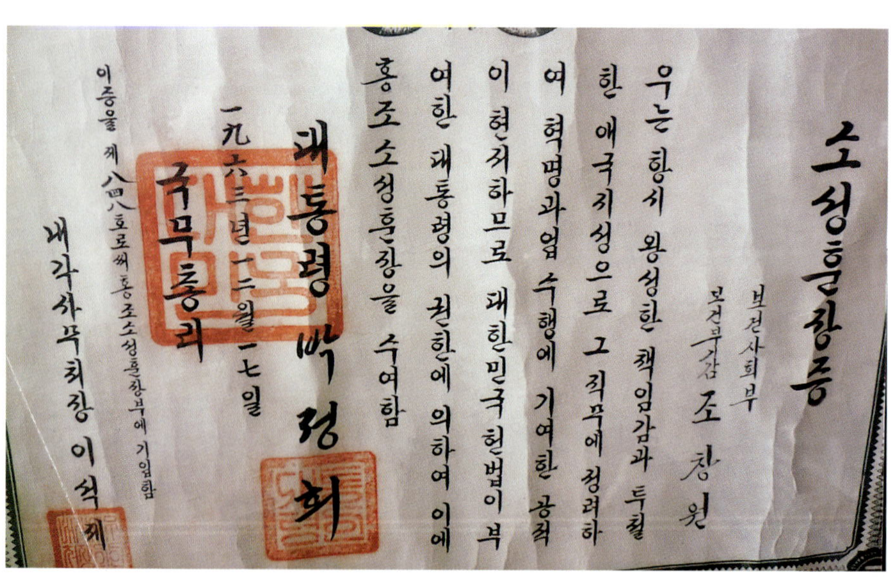

소성훈장증

보건사회부
보건부기감 조 창 원

우는 항시 왕성한 책임감과 투철한 애국지성으로 그 직무에 정려하여 혁명과업 수행에 기여한 공적이 현저하므로 대한민국 헌법이 부여한 대통령의 권한에 의하여 이에 홍조소성훈장을 수여함

一九六三년 一二월 一七일

대통령 박 정 희

국무총리

이 증을 제 八四八호로써 홍조소성훈장부에 기입함

내각사무처장 이 석 제

▪ 박정희 의장이 대통령이 되고나서 나에게 주신 훈장(1963. 12. 17)

1968년 부산 동래 국립재활원장 재직시 부산 적기 성당에 계시던 하안토니오 신부님으로부터 성모상을 기증받아 재활원내에 성모상을 모셨다.
(좌측부터 대전 성공회의소 주교님, 하안토니오, 본인)

1968년 성모상 제막식 모습

45년 간 소록도에서 봉사하시고 말없이 떠나가신 마리안느쉬티가 수녀와 마가리드수녀, 로마대사 일행과 같이 (내가 만든 성모상 앞에서)

1972년 일본구라봉사단이 일본 NHK방송국에서 모금 음악회에 초대되었을 때. 일본 다까마스노미야전히비와 만나 인사.

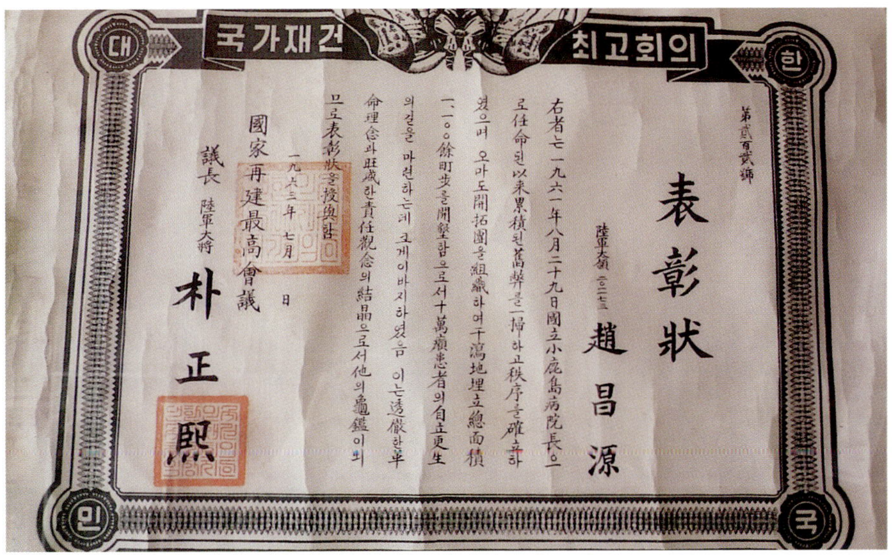

국가재건 최고회의

第貳百貳號

表彰狀

陸軍大領 ○二三 趙昌源

右者는 一九六一年八月二十九日國立小鹿島病院長으로任命된以來累積된舊弊를一掃하고秩序를確立하였으며 오마도開拓團을組織하여干潟地埋立總面積一、一○○餘町步를開墾함으로서十萬癩患者의自立更生의길을 마련하는데 크게이바지하였음 이는透徹한革命理念과旺盛한責任觀念의結晶으로서他의龜鑑이되므로表彰狀을授與함

一九六三年 七月 日

國家再建最高會議

議長 陸軍大將 朴正熙

■ 박정희 의장께서 오마도 간척공사단장인 나에게 표창장을 주었다.(1993. 7)

■ 카토릭세례를 2007년 4월에 받았는데 고 김수환(스테파노)추기경님께서 2007년 5월 서울 나자로마을(병원) 행사에 초청하여 축하해주시며 같이 찍은 기념사진

■ KBS 다큐멘터리 '아! 소록도'를 찍다

■ 당신들의 천국 출간 100쇄 기념사진(동아일보에서)

▪ 오마도간척지(방조제) 조성 기념비에서

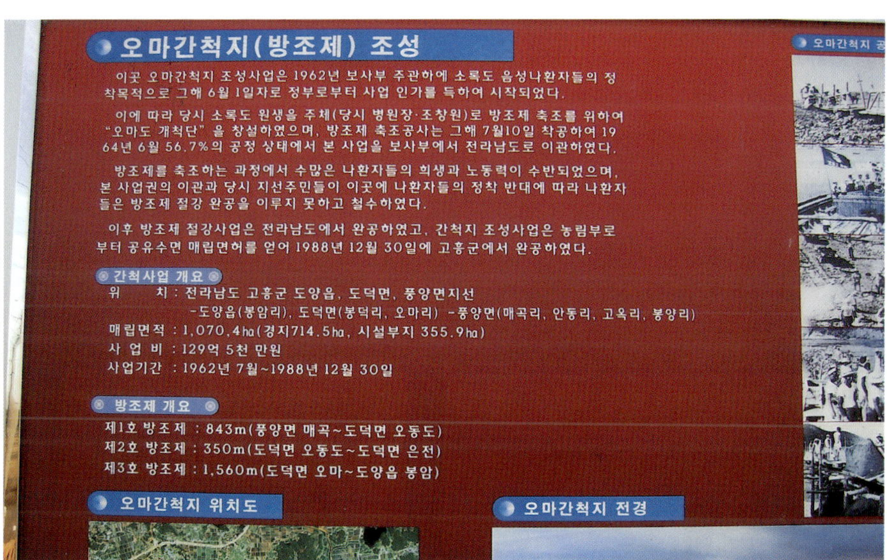

비창(悲愴) — 한센병 환우들의 통곡

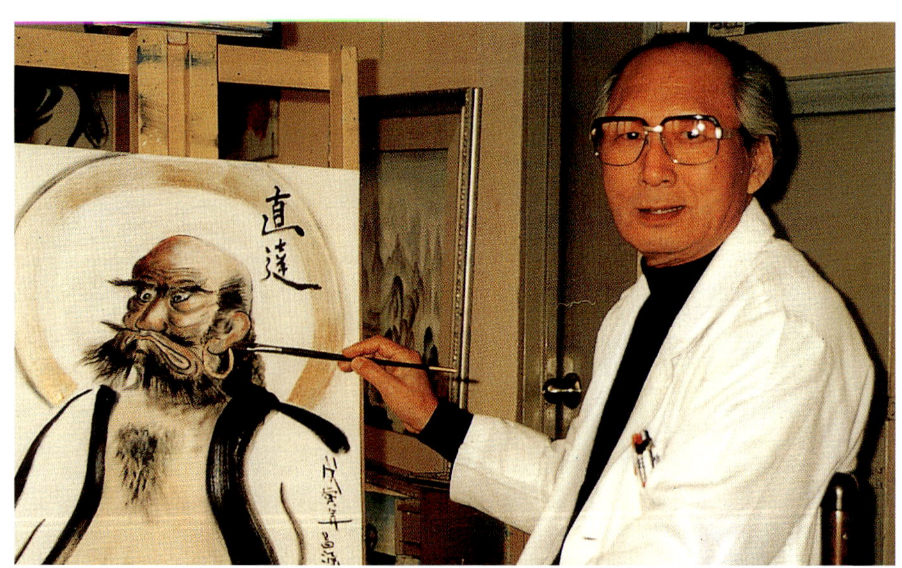

대전 유성 선병원 원장 재직시 작업실에서

소록도 세레나데

◆ 이책을 내면서

흘러간 질곡의 세월
청운의 꿈을 싣고
앞만 보고 달려 온
긴 여로
피치못할 사연들
엄숙한 순간 속에
파묻혀 버린 시간들.

비틀거리며
오마도에 남긴 핏자국
은은한 조명빛에 달려와
내안에 숨어있는 원과 한
가슴 속에 문신 새겨놓고
소록도의 등불이 되어준
선각자들의 빛.

주님 앞에 엎드려
기도 드리는 눈물

2011. 4. 4. 조 창 원

목 차

조창원 시전집

제1시집 소록도 민들레

목 차

목 차

제2시집 소록도, 다시 부르는 연가

목 차

제3시집 소록도, 눈물의 노래

목 차

목 차

제1시집

소록도 민들레

소록도 민들레
조창원 시집
허무했던 상상의 나래 고독으로 피고
가슴에 숨은 혼자만의 사랑
우리들의 낙원을 위해
소록도의 파도는 눈물입니다
오늘의문학사

▌서문 ▌

우리 나라의 Hansen병 100년사에 공로가 크신 내외의 선각자들의 고귀한 정신을 후손에게 전하고자 소록도 원생들과 정착촌에 계시는 Hansen 가족들의 뜻을 모아 소록도에 기념비 설립을 추진하고 있습니다.

일차적으로 2002년 10월 소록도 중앙리 백사장에 1945년 8월 22일 소록도 원생 84명이 무참히 학살당한 애한의 추모비를 원생들의 성금과 문석민 장로님의 성금으로 원생 대표 강대시씨가 주축이 되어 본인을 고문으로 추대하여 설립하였습니다.

아시다시피 이 사업은 후손들을 위해 계속되어야겠습니다만 경제적인 문제 때문에 Hansen 식구들과 상의한 결과 본인 시집의 이익금으로 사업을 계속해 볼 생각을 했습니다.

본인은 아직 시에 대한 지식이 부족하기 때문에 어려움이 많습니다. 그러나 본 사업을 위해서 본인이 1961년부터 64년까지의 소록도 병원장으로 근무하던 소록도의 생활사를 대상으로 썼기 때문에 현 소록도와는 많이 다르다는 것을 양해해 주시기를 바랍니다.

끝으로 이 시집을 통하여 오마도 간척 사업은 소록도 환자들이 육지에서 살아보려고 개간한 사실을 역사적으로 기록에 남겨 주신 조선일보 이규태 위원님과 이청준 소설가님께 감사드립니다.

이 간척 사업을 음으로 양으로 도와주신 고 손문경 국회의원님과 고 서민호 의원님께 깊은 감사를 드리는 바입니다. 그리고 오마도 내에 정착하여 계시는 여러분들께 신의 가호가 있기를 기원합니다.

2002년 세밑에
저자 조창원

1부

소록도 제비 선창

카나리아

너와 나는 역사를 눈물 적신
어처구니없는 영혼
죄를 범한 일도
재판을 받은 일도 없는데
너와 나를
종신형에 처해 놓고
너의 형지는 철사로 꽁꽁 채운 감옥
내 형지는 유적지 소록도
호소할 데 없는
정말 어처구니없는 영혼이다.
희망과 자유와 인권은
썰물의 물거품으로 사라지고
차별과 편견의 밀물이 몰아치는
망망대해
너와 나는 종이배 되어
신의 구호를 기다릴 뿐이다.

소록도 가는 길

편견의 독화살에 깊은 상처 입고
차별의 칼바람에 문신 찍힌 영혼
천형(天刑) 원한(怨恨)을 울고파
목발에 인생을 매달고
황톳길을 걸어갑니다.

태양은 십자가에 턱 걸어 놓고
석양이 하늘을 거두어 갈까 손짓하는데
접시 위 한 점 비곗살의 냄새
한 잔 술로 한(恨)을 씻어버리고
황톳길을 걸어갑니다.

지난 날 곤경에 처한 모든 것들
날짜 지난 신문에 싸들고
나의 슬픈 황혼(荒魂)이
목발의 눈물을 뿌리며
황톳길을 걸어갑니다.

소록도 가는 길

당신들의 천국에서

슬픈 영혼 잠든 소록도에는
비탄의 눈물 파도에 반짝이고
한으로 부푼 가슴
기도로 잠재우며
신의 섭리 따르라 맹세합니다.

영혼의 고향은 있었다.
가슴이 자리잡은 추억이 그리워
자비의 고향일까 찾아갔건만
개가 짖어 나를 쫓는다.

서러워 발길 돌려 눈물 삼키고
신이 주신 위대한 선물
오마도로 간다.

한의 영혼 담긴 돌 하나 흙 한 삽
요동치는 파도 위에 던져
구름 덮인 영혼들의 생의 억압
떨어져 나간 손가락 살며시 맞추어 보며
'당신들의 천국'을 꿈꾸어 본다.

*당신들의 천국 : 이청준이 소록도를 소재로 쓴 소설 제목.

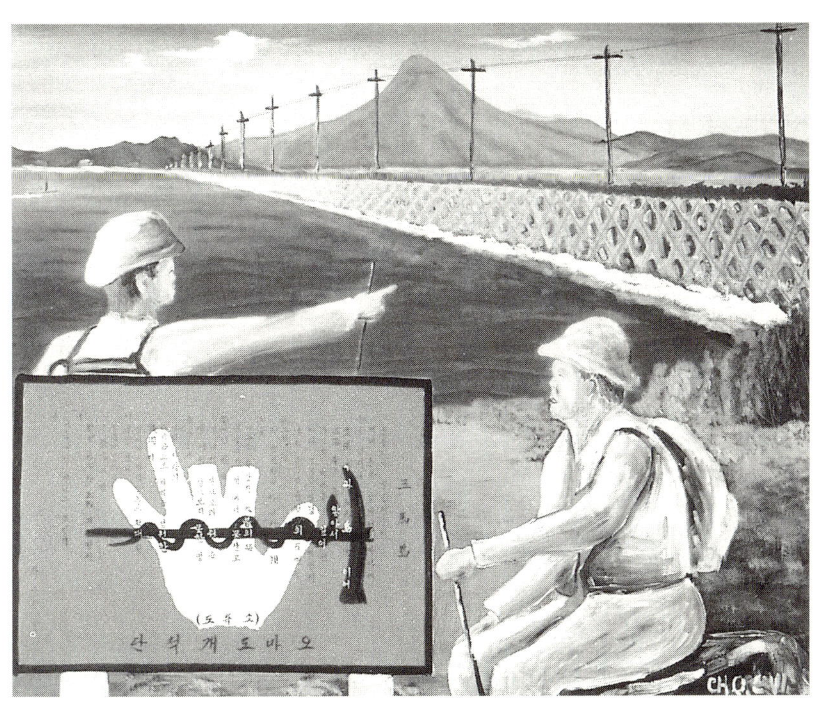

당신들의 천국 — 도둑맞은 땅

소록도 축구팀

열중 쉬어
쉰 채로 들어라.
우리는 편견과 차별을 물리치고
힘들게 여기까지 왔다.
우리는 이겨야 한다. 꼭 이겨야 한다.
왜냐…….
우리는 공을 차러 이곳에 온 것이 아니라
인권과 자유를 찾으러 왔다.
발가락이 떨어져 없다.
손가락도 떨어져 없다.
솜을 꾹꾹 눌러
축구화 속에 처박고
2000년의 한과 원을 차 부수어라.
겁에 질리지 마라.
전 세계의 Hansen 식구들이
신에게 기도 드리고 있다.
하늘을 믿어라.
정의를 위하여 대도를 달리는 것이다.
만일 이 경기에서 패하면
너희들과 나는 소록도 앞바다에 귀신이 되자.

*1962년 9월 전국 체육대회 도 대표 선발 축구경기에서 우승하여, 도의 대표팀으로 선발됨.

우리도 살아 있다(미감아)

축구 개선가

활짝 웃으며, 밀려온다.
황령(荒靈)의 파도가
어깨동무하고
축배의 잔을 높이 들고
하얀 물거품이 승리의 노래가 되어
제비선창 부두에 뿌려 놓고 물러간다.
푸른 하늘엔
흰 구름이 매달린 승리의 깃발이
5000 민들레의 환호성에 펄럭이고
갈매기 떼지어 노래하는
춤바람에 나부낍니다.
2000년의 긴 한(恨)의 세월
오징어같이 짓눌리고 눌려
빼앗긴 자유와 인권을
한(恨)의 영혼이 스며든 '공' 하나가
꽁꽁 얼어붙은 원(怨)을 녹여줍니다.
소록도 만세, 축구팀 만세!
7개 부락에서 쏟아지는 환호성은
축제에 죽어가는 돼지의 비명을 껴안고
작은 사슴섬에 지는 석양 하늘에
붉게 물들어 간다.

소록도의 천사

유적지(流謫地)에 핀
신(神)의 꽃 목련화 10송이
순결의 빛으로
하얀 캡의 나래 달고
순정의 꽃으로
하얀 나비가 되어
편견의 높은 벽 부수고
저주와 차별의
비정의 강 건너
연모에 우는
유배지의 민들레 찾아
사랑의 나래로 따뜻이
안아 주었네.
아!
신앙적 믿음의 사랑이요
신이 주신 선물의 빛이요
꺼지지 않은 빛으로
영원히 빛나게 하라.

*소록도 간호사 10명이 소록도에서 환자들과 결혼.

애한(哀恨)의 오마도(五馬島)

기쁜 소식 산울림으로
깡충깡충 마을에 전하고
고향 가는 나그네 길잡이 동무되어
길조라 사랑받는 까치가
감 도둑 누명 쓰고 쫓겨나
마을 동구밖 당산나무엔
빈 둥우리만 처량한데
감나무마다
한두 알씩 남겨 놓고
까치 까치 설날은 어저께고요
우리 우리 설날은 오늘이래요
마이크에 목청 높이는 정치인의 노래
군정(軍政)에 희생된 원한(怨恨)의
오마도(五魔島)의 노래.

오마도 개척단

갈매기 떼지어 우는 오마도의 노래

분명히 고향은 있었다.
그러나 뿌리를 박을 산하는 없다.
살아서 마지막으로 학대(鶴帶)된 이름을 써서
사람 구실 하려고
대붕(大鵬)의 뜻을 품고
신이 주신 위대한 선물 오마도로 간다.
한(恨)의 영혼 담긴 돌 하나 흙 한 삽
요동치는 파도에 던져
버섯같이 솟아오르는 영광(靈光)의 땅
어둠에서 빛나는 우리들의 산하
햇빛 가득한 오마도의 땅이요
그러나, 슬프도다.
권좌의 도덕은 썩은 두엄이 묻히고
빙의족(憑依族)의 춤과 노래에
오마도는 도둑 맞았다.
그러나 보라.
잔인한 운명 앞에
무너진 우리들을
신께선 버리지 않으셨다.
5000의 소록도의 황령(荒靈)의 기도 소리로
세도의 권좌는 무너지고

해바라기족(族)들은 염라대왕이 불러
신께서 주신 또 하나의 선물
육지의 정착지엔 에덴의 꽃향기가 솟아오른다.

* 소록도에서 완치된 자들이 국가의 원조로 자기들이 살 간척지를 오마도에 개간했다. 그러나 그 지방 구 정치인의 세도에 뺏기어 버렸다.

오마도로 가는 길

한 잎 종이배로 띄워 주소서

태어날 때부터
실패한 인생이 아니올시다.
떳떳한 존재올시다.
왜!
고독의 언저리에 서서
서럽게 숨어 피는 꽃이 되어야 하나요.
왜!
나비와 벌꿀이 없는 슬픈 계절에
향기 없이 피는 꽃이 되어야 하나요.
오, 주여!
이것이 진정 이 영혼이 꼭
가야 할 길이라면
소록도 그 푸른 파도에
한 잎 종이배로 띄워 주소서.

녹동(鹿洞) 부두

기만(幾萬)의 황령(荒靈)
파도치는 녹동 부두에
천형원한을 울고파
또 하나의 슬픈 영혼
빨간 신호기 소록도에 알리고
물때 기다리는
나그네의 설움
비늘같이 반짝이는 파도에 뜬
구라선이 반갑구나.

소록도 세레나데 · 1

나의 피 속에 따뜻이 잠들고 있는
그대의 영혼
떠나지 않음을 괴로워하며
마르지 않은 은빛 사연
혼(魂)으로 주워 모아
황령(荒靈)의 백사장에
잠재워 놓고
돌아서는 발자국에 스며드는 영상
슬프게도 밤에만 우는
혼령이 되어
달빛 아래 불러 주는
소록도 세레나데.

소록도 세레나데 · 2

열아홉 살 순정이 부끄러워
숨을 곳 없어
하얀 눈이 되어
꽃향기 가득
부푼 가슴에 안고
서둘러 꽃 피라고
소록도의 밤 노래
파도 위에 노래를 띄운다.

소록도 제비 선창

수만의 황령(荒靈)
비탄의 파도에 울고
밀물 타고 몰려드는 원(怨)
썰물 타고 밀려가는 한(恨)
갈매기 떼지어 대신 우는
한원(恨怨)의 제비 선창
90년 비운의 역사
구라선에 묻고
천형원한 울고파
찾아드는 혼령의 선창
제비 선창

* 제비 선창 : 소록도 환자들만 사용하는 선창.

단종 수술

인간으로서 존재하는 기쁨
황령(荒靈)의 바다에 수장하고
순(荀) 잘린 동백
어머님께 사죄하고
허공 속에 방황하는
동박새를 부른다.
아! 슬프도다
얼마나 더 울어야
동박새 날아와
서둘러 꽃 피우라고 노래할까.

2부

소록도, 애수의 노래

소록도 애수의 노래

그리움 가슴에 묻고
연정
바람에 날려 영감으로 주고받고
연서
혼으로 써서
영상과 포옹하며
사랑의 피
수혈하고
헤어지지 말자고 맹세했지
아, 움직이는 명상이요
영혼의 영감이 선사한 사랑
지워지지 않은 영상으로
꺼지지 않은 영혼으로
영원히 추억을 간직케 하라.

소록도 수심가 · 1

내 가슴에 따뜻한 피는
그리움의 상처를 씻어 주고
역사를 눈물 적신
내 영혼의 한을 잠재워 준다.
토해낸 한탄의 붉은 피
못다 한 사랑의 노래
황령(荒靈)의 바다에 수장하고
아름다웠던
세월의 주옥 같은 명상
반짝이는 파도에 시(詩)를 써서
작은 사슴 섬 등대에 뿌리고
슬픈 명상이 흐르는 영광(靈光) 속에
가야금에 띄워 부르는
소록도의 수심가(愁心歌.)

고향(故鄕)

소록도 수심가 · 2

번뇌 속에 가라앉은 슬픈 사연
그리움만 차분히
그대를 감싸 안아 준다.
명상이 흐르는 향기
부드러운 소가리 길엔
경이로운 한순간에 피어 뜬 물망초
낭만과 사랑의 유토피아는
허허롭던 외로운 구름
세간의 용서받지 못한 황혼의 무지개
이승에서 맺지 못한 한
피울음으로 토하고
슬픈 추억 녹아든
황금빛 타오르는 저녁 노을에
눈물로 튕기는 황혼의 가야금.

비풍(悲風)

스산한 한숨은 나의 영혼의 눈물
텅 빈 백사장에 내리는 비는
내 가슴에 찍힌 문신의 눈물

지나간 세월 아름다웠던 시절은
편견과 차별의 번갯불에 화상 입고
가슴에 묻힌 황령(荒靈)
바다에 뿌려 진혼하고
등대에 쏟아지는 영광(靈光) 속에
아롱대는 이끼 낀 추억은
덧없는 인생의 한 잎 낙엽

아! 세상은 조화(造花)로 장식되고
정의가 상실되었지만
사람만은 아직 아름답다고 생각했는데
인간의 마지막 자존심마저
오징어같이 억누르고 눌러
역사의 기억의 장으로 물러갑니다.

고향 생각

적한(積恨)의 땅 유배지의
새들도
어둠이 깔리면
둥지 찾아 드는데
사람이 되어 한세상
어찌
부모 형제 품안에 안아 보지 못한 채
병마에 찢기고 지친 영혼
죽어서야 머리만 고향에 두고
구천(九泉)에 헤매도는
한원(恨怨)의 혼(魂)
갈매기 대신해 추는
살풀이 춤.

여수(旅愁)

익지 않은 열매

바람도 구름도 새도
올 수 없이 막아버린
격리된 유배지에
성도 이름도
호적도 없는
허수아비올시다.
죄인이 아니올시다.
그러나 죄명은
미감아.
참으로 어처구니없는
용서받지 못할
장난에
희생된 영혼이올시다.

소록도의 민들레

아버지가 날 버렸고
어머니도 날 버렸으니
세상도 날 버렸지요.

그러나 신께서 날 불렀습니다.
신 계신 곳 소록도는
날 때부터 실패한
영혼들의 고향입니다.

눈부신 태양은
웃음으로 내일의 희망을 주고
서러운 자비의 달은
모든 죄를 용서하며 비춥니다.

허무했던 상상의 나래
고독으로 피고
가슴에 숨은 혼자만의 사랑
우리들의 낙원을 위해
소록도의 파도는 눈물입니다.

애한(哀恨)의 추모비(追慕碑)

달려온다, 84인의 황령(荒靈)이
푸른 한의 파도를 타고 일어서
서로 어깨동무를 하고 밀려온다.
중앙리 백사장을 때리고 부수고
오, 하늘이여, 땅이여
왜 죽어야 했습니까?
말해 주소서!
분통을 터트리며 물거품으로 꺼진다.

남편을 빼앗긴 물망초의 붉은 피
푸른 파도가 되어 밀려와
원한의 백사장에 부스러지고 깨지고
울분과 한과 분통이 한꺼번에 터지는
매서운 폭풍이 되어
소록도에 가득 떠돌며
분노의 붉은 피 뚝뚝 파도에 뿌려
다시 황령(荒靈)의 파도로 밀려온다.

* 1945년 8월 22일 소록도 중앙리 백사장에서 원생 84명이 총살되어 매장된 사건을 기념하여 세운 비.

애한 추모비의 제막식에 참석하여(소록도 직원과 함께)

물망초(勿忘草)

신의 축복받은 섬이 수심에 잠기노라
뿌리내리지 못하는 양파
서로의 따뜻한 체온으로
내일을 키워가던 님입니다.

그 아름다웠던 모든 것들은
한순간에 깊은 상처를 입고
덧없는 종이배가 되어
지우지 못할 영상을 키우며
신앙적 믿음의 사랑
언젠가는 꽃피우리라 노래하며
삶의 한 자락을 추억합니다.

1945년 8월 22일
사랑이 무너지는 소리
영혼이 깨지는 소리
당신이 남기고 떠난 비 울음,
오! 영혼이여,
피가 통하는 내 품안으로 오소서
파도 같은 푸른 영상이 떱니다.

강대시 원생 대표와 함께

소록도에서 어머님을 생각하며

옛날 옛날의 어머님께서는
해진 양말 쉽게 버리지 않으셨습니다.
언제나
양말의 상처에는
어머님의 사랑과 꿈과 기쁨으로
꿰매 주신 꿈 같은 꽃이 피고
기워 주신 천 조각
색깔 달라도
꽃보다 더 이쁘고
아름다운 향기가
어머님을 더 사랑하게 하였습니다.

애한의 추모비 기공식에서

설중매(雪中梅)

아름다웠습니다.
얼굴이 예뻤습니다.
네 손가락이 고왔습니다.
발가락으로 밟고 지나간
아름다운 영상들은
끊임없는 고통의 연속
허무했던 공상
눈 내리는 섬 소록도에
향기 높은 설중매로
꽃 피우고 싶습니다.

청지유정(青芝有情)

만령당(萬靈堂)

혼령의 한(恨)
푸른 담배 연기
영감으로 느낀 듯
아줌마 앞치마를 구겨 잡고 눈물 흘린다.
(형, 만령당으로 빨리 가 봐야지 않아?)
한의 눈물 한 잔 술에 묻고
원한의 슬픈 한 모금의 연기에 날린다.
(형, 속히 가족에게 알려 줘야지 않아?)
정지된 비애의 공간 속에서
복수의 화신같이 터지는 소리
(이 새끼야, 가족이 어디 있어
허튼 수작하지 말고 따라와.)
아! 비탄의 한 마디가
소록도 정적의 밤을 울린다.

소록도에서 불러보는 어머님의 자장가

그 옛날
어머님이 불러 주시던 자장가는
가사도 곡도 음정도
박자도 없었습니다.
염불 같기도 한 긴 자작 노래였지만
신기하게도 그 속에는
언제나 사랑과 꿈과 행복의
아름다운 젖 향내가
묻어 있습니다.
혼곤한 꿈 속에 젖은 나를
열락(悅樂)의 환상(幻想)의 세계로
인도해 줍니다.

소록도의 폐교 녹산초등학교

쓸쓸히 산마루에 물러앉아
잡초 우거진 운동장
간판 홀로 지키며
걸어놓은 액자 어루만지며
지난 날 그리워하네.
교문 담장 위
활짝 핀 넝쿨장미는
벌 나비 불러 놓고
국기 게양대 꼭대기엔
까마귀 홀로 앉아 있네.
뒷동산 솔숲에는
소쩍새 울음만 구슬픈데.

귀행(歸行) 길

한의 세월 삼십 년
소록도에 묻고
어머님 그리워 고향 갑니다.
어릴 때 놀던 앞동산에 숨어서
눈물 사이로 내려다봅니다.
고향의 산천초목은 변하고
이름만 반가운데
어머님 뵙지 못하고
돌아서는 불효 자식 용서하세요.
어머님 일생은
실패한 것이라 했지만
저는 불행하지 않습니다.
소록도는 우리들의
은혜받은 천국입니다.

3부

연필로 그린 공상

봉선화

말 못할 사연이 있나봐
담장 밑에 홀로 숨어
서둘러 피었네.

나들나들 가냘프게 매달려
사랑스럽게 울고 있네.

어이할꼬, 기다리는 님
나비 벌
겨울잠 깰 날 아득한데
가엾어라
이 한 날을 어이할꼬.

사리재 너와집과 방랑자

그 자리에 그렇게
바위는 앉아
그 자리에 그렇게
제 살 찌르는 주목(朱木)은 서서
바람이 불고 비가 와도
소쩍새 아침을 불러 오는
골짜기 시냇물이 흐르는 곳
영혼의 순한 피가 오염되지 않아
걸어온 만큼 애절했던 세월
은빛 추억의 숨결이 살아 있는 곳
막걸리 한 잔에 눈시울 적시는 세상이
한결같이 따스해지는 곳
사람의 향기가 물신 풍기는
신이 주신 명상의 공간
심마니들의 고향
사리재 고개
너와집 한 채.

검은 영혼들의 고향

병상일지

선생님, 저 갑니다.
감사합니다.
파랗게 얼어붙은 떨리는 입
가쁜 숨 몰아쉬며 중얼댄다.
신의 부름 느꼈을까
꺼져가는 저 소리.

파도의 노래

동성동본, 새들의 노래

험준한 산맥 뚫고
거센 파도 헤치며 찾아온
한의 고향 소록도.
Leprosy라 이름짓고
박해의 사슬로 묶어
왼편 가지 문둥이, 오른편 가지 나병,
무자비하게 꺾어 버렸지.
세월은 흘러 다시
대접한다 하며 지은 이름 Hansen.
사람들아,
Leprosy도 문둥병도 나병도 Hansen 병도
다같이 Hansen균에 의한 병이다.
그것이 그것이고 고것이 고것이다.
Leprosy란 구약성서에 써놓고
수천 년 간 고통과 괴로움을 주었고
Hansen 또한 전염병이라고
수백 년 간 강제 수용법으로 묶어놓고
인권과 자유를 박탈하지 않았는가.

잃어버린 자유

— 삼계탕

비로소 알았노라
충신을
발가벗겨 머리 자르고
양손 꽁꽁
여덟팔자로 묶어 놓고
발가락은 모두 잘라 버렸네.
뱃속엔 최후의 만찬인 듯
찹쌀 인삼 대추 밤 가득하고
끓는 뚝배기 속에 내던져
엎드려 있네.
아, 슬프도다
흘러간 오백년 역사의
허허로움.

차라리 수저가 되어

우리는 원앙새
밥상 위에 먼저 앉아 기다린다.
차고 뜨거운 국물은
숟가락이 나르고
늘어 놓은 잔반찬은
젓가락이 나르고
뜨거우면 불러 식혀 주고
짜고 매우면 쪽 빨아 식혀 주지.
고독에 시달리면
술상에 초대받아
노래 따라 술병 속에서 춤추고
장단 따라 앉은 그릇 때리며 춤춘다.
끝나고, 적막 속에 잠기면
깨끗한 목욕 속에 잠들고
포근한 안식에서 내일을 기다리지.

목욕탕에서의 부모 생각

온천수에 몸담아 본
아이 같은 생각에
살며시 스며들어 노래 부른다.

잠자는 물이 일어나
잠자는 세월을 깨울까봐
조용조용 노래한다.

아버지와 함께 갔던 목욕탕
엄마를 따라갔던 목욕탕
그 추억을 닦아낸다.

밤에 뜨는 태양

커피 티켓 한 장에
오토바이에 몸을 싣고
낙엽에 매달려 우는 매미족 찾아
구겨진 영혼을 버린다.

아, 조화로 장식된 세상이여,
사랑은 오락으로 장난 당하고
도덕과 윤리의 꽃은
배금사상에 고사되어 고개 숙인다.

이끼 낀 정의의 대로에는
고장난 오토바이
엔진 소리만 요란하다.

찾아든 손님

모기 한 마리가
귓전에 맴돌다
살며시
손등에 내려 앉아
뒷발 높이 쳐들고
친 두둥이 휘둘러
핏줄 찾아 늙은 가죽
이곳 저곳 찔러
만복의 기쁨으로
조가(弔歌)의 시(詩)를 쓴다.
고약한 놈,
탁!

무제(無題)

배반하지 않았습니다.
친구로 곁에 남아 있습니다.
편하하지 마세요
한을 피웁니다
원을 피웁니다
한 모금 연기가
인간을 사랑하게 하고
편견과 저주의 세상을 있게 합니다.
사람의 마음이
자연의 경지로 통하게 하고
시간의 여유를 찾고
멀어진 사람이 가까워집니다.
폄하하지 마세요.

영혼들의 성지

고독, 늙은이의 노래

샘물에서 태어나
서로 모여 강이 되고
험준한 산맥 뚫고
기암 절벽 돌아
푸른 초원을 흐른다.

그 길처럼 사연 많은
내 인생도 흐른다.

목련화

무슨 사연일까?
바람 죽은 깊은 산 사잇길에
홀로 앉아 꽃이 피네.
잎새도 감추고
찬란한 흰 봉우리
가지 사이로
화사한 알몸 요염하게 내놓고
춤추는 흰나비 되어
푸른 연무 속에
살며시 날아와 나를 부른다.
요정일까, 너는
외롭게 방황하는 영혼
자지러질 듯 만발하는 연정
우아한 꽃향기 네 품에 안기어
나른한 혼곤,
꿈속에나 묻혀 볼까.

연필로 그린 공상

대패로 다듬고
짙은 향 자랑하며
고운 색 발라 팔각관 속에
혼자 누워
까맣게 말라가는
연심
이 세상 모든 것을
우주의 모든 것을
깎아 만들며
지우고 다시 쓰며
혼자 세우는 바벨탑.

허무를 느끼며

그대 영혼과의 약속
고동 치는 사랑도 허무하였습니다.
가슴속에 파묻힌
그대 영상도 허무하였습니다.

모든 추억은 사라지고
영상 속의 영혼은
빛 없는 낙원이 되었습니다.

그러나 내 영혼
그대 영혼처럼 순수하였기에
그대 영혼이 추억으로 남았습니다.

아무도 눈치 채지 못한 사랑
그래서 슬픈 그대
그대 영혼과의 쾌락
쾌락이 빚은 추억도 허무하였습니다.

울어서 추억이 돌아온다면

적막 속에 가라앉은
공원 구석 벤치에 앉아
쓸쓸히 구름 같은 담배를 문다.
고독을 달래며
그리운 사람을 그리워하며
눈물이 흐른다.
울어서 옛날이 돌아온다면
울어서 추억이 돌아온다면.

4부

혼자 불러보는 노래

고려장(高麗葬)

고려(高麗)의 흙바람 일어서는
저승의 묘실(墓室)의 숨소리
살을 찌르는 샛바람은
염라대왕 부르심
꿇어 앉아 올리는 향로의 향은
기물기물 꺼져가는 영혼의 향불
고향의 산하는
밤하늘 유영하는 별들에게
조종(弔鐘)의 광영(光靈)으로
은하수에 무지개 다리 놓고
부세(浮世)에 묻고 가는
님의 찬연한 이름입니다.
천세, 만세 꺼지지 않는
영광의 빛으로 남고 싶습니다.

인생 아리랑

하늘을 유영하는 구름
무한한 우주 속으로 사라지고
세월 따라 시들어가는 영혼

주름살 늘고 저승꽃 피는데
칠면조 같은 구겨진 목에
빨간 넥타이 맨다.

그런다고 젊음이 다시 돌아올까.

시민의 노래

도둑맞을 무엇 하나 없이 사는
소시민들은
한밤중에도 대문 활짝 열고 산다.
빙의(憑依)의 공화국의 권좌는
도덕이 죽고
책임과 의무는 두엄 속에 묻혔다.
보라, 선량한 소시민들은
자고 나면 또 터져 나오는 엄청난
부패의 꼬리를 보며 경악한다.
보라, 선량한 소시민은
선의와 성실의 등불을 밝혀 들고
캄캄한 새벽
대문을 활짝 열어 놓고
일터로 간다.

혼자 불러보는 노래 · 1

좌로 우로 아슬아슬 비틀거리며 걸어간다.
시대의 벽을 넘지 못한 울분의 취객인가 봐
잠깐 멈추고 푸른 하늘을 가리키며
야, 후회 없는 인생이라 말할 수 있는가 말해봐
썩었군 썩었어 속아 살았다.
아니 아니야 취한 세상이었어
세상이 취했단 말이야
큰 가래침 칵 뱉고 손바닥 탁 치며
여러분! 저 성당의 종소리는 서로 사랑하라 하고
사찰의 목탁 소리는 자비를 베풀라 부르고
TV 속의 도올은 공자왈 맹자왈 외치는데
명동 네거리엔 노란 머리 빨간 머리 물결 춤추고
목걸이 귀걸이 구별 없는 화장
어느 것이 암놈이고 어느 것이 수놈이냐.
가슴의 밀크통 활짝 열고 배꼽 보라 내밀고
그 아래 보일까 말까 아슬아슬 매달아 놓은 치마
그래 그것이 암놈 청바지 무릎 찢고
엉덩이 찢어 거지 흉내 내며
귀엔 헤드폰 매달고 미래의 꿈을 껌으로 씹으며
엉덩이 쫓아가는 고것이 수놈일 거라.
야! M세대는 가고, navol 세대는 오고,

그 다음은 V세대가 오는가.
뭐! 인사동에서 술 먹은 취객이라고, 내가?
그래 나 인사동 장식품일세, 사람은
누구나 기억하기 싫은 과거의 허물은 있지.
암 있고 말고.
그러나 이 나라 영어의 식민지가 되어 슬프더니
이젠 머리 색깔마저 식민지가 되었구나.

혼자 불러보는 노래 · 2

세월의 거리 때문인가
우산 없이 달려온 길의 세월
자판기의 커피처럼
행복해지는 법을 배우지 못해
시대의 벽을 넘지 못한 울분에
울고 마시는 주객이 되었노라.
아, 슬프다.
얼마나 울어야 희망의 아침이 찾아올까
해가 뜨면
내일을 향한 오솔길을 찾자.
영혼이 다시 숨쉬는 새로운 길에
그림 속에 시간을 삽입하듯
인생의 꿈과 야망을 소묘하고
짧았던 인생, 가는 길 망망대해가
얼마나 허망한가를 명상하며
별이 지배하는 밤이 오기 전에
흩어진 추억들을 주워 모아
인생의 과거는 검은 것이라고
엎지러진 술 손가락에 발라
거문고의 현을 튕겨라.

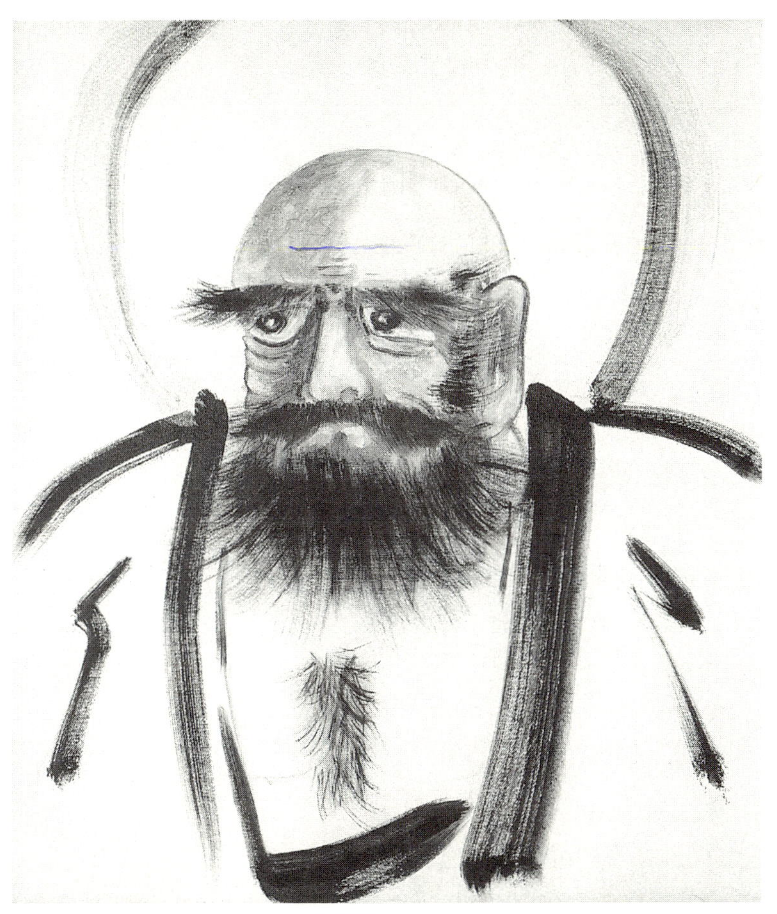

영혼들의 우상 달마

어머님, 추억의 노래

무서운 느낌의 이상한 보따리
형님이 학교로 들고 갑니다.
바라보던 어머님은
하느님께 눈물로 말씀하시고
정각 12시
민족의 혼 교회의 종소리로 하늘에 고하고
한순간에 터져 절규하는 독립만세 소리
여기 저기 쏟아져 나오는 태극기는
망국의 한 피울음으로 토하고
민족의 피가 되어
대동강으로 흘러 간다.
왜경들이 쏘아대는 총소리는
모란봉 봉화대의 황령(荒靈)의 연기에 죽고
민족이 다시 살아 숨쉬는 활발한 기상은
을밀대에 높이 솟아 오른다.
겁에 질린 동생과 나는
어머님의 젖가슴에 숨어 들어
빈 젖을 정신없이 빨았습니다.
태극기로 감싸 안아 주신 어머님은
"믿는 사람들아 군병 같으니
앞에 가신 주를 따라갑시다."

눈물로 부르시는 망국의 영가(靈歌)
벌떡 일어나 따라 불렀습니다.
동생도 따라 불렀습니다.
만세도 따라 불렀습니다.

광부의 일생

허리춤에 도시락 매달고
오두막 집을 나선다.
세상은 적막 속에 잠들고
쌍동별 검은 산맥 위에 반짝이는데
탄맥 수갱 속 검은 영혼
가쁜 숨 몰아쉰다.

삶과 죽음은
하나의 씨앗 속에 있는 것
오늘 지나면 내일은 또 오는 것

신이여,
가난한 영혼들을 보호하소서.

신의 계시(꿈에 보인) · 2

폐광촌(廢鑛村)

죽음의 도시 폐광촌
산더미같이 폐탄 틈새에
4월의 꽃
진달래는 살아 피어
붉은 꽃잎 뚝뚝 진다.
소쩍새 앞산에 울어
울다 가는 뒷산의 산울림.
살고자 죽어 간 영혼의 조가(弔歌)같이
밤에도 울고 낮에도 우는구나.
길가 나무는 탄가루에 병들어
은빛 추억은 사라지고
도랑물은 검게 흘러
내 얼굴이 썩은 물거품에 떠 있구나.
버섯같이 부풀어 꺼진 오두막집
떨어진 문짝이 세월을 삭히는데
주인 잃은 개 한 마리 달려온다.
반겨 주는 사람 없어도
살랑살랑 꼬리 친다.

신의 계시(꿈에 보인) · 3

목동의 노래

형님 보이소, 큰일났소예. 형님 소띠지예, 형님 난 양띠요. 아시지예 형 이젠 다 죽었소. 야단났소. 그게 무슨 말이고, 끔찍하게 아따 담뱃불 좀 끄이소. 이 신문 좀 보이소예. 지금 동쪽에서예, 서쪽까지예, 소와 양은 닥치는 대로 마구 잡아죽이고 있소. 그래 그건 알지. 광우병과 구제역 예방할라고 안카나. 그렇지요. 형님예, 어여튼 동싹 다 죽이고 나서 그래도 멎지 않으면 형 다음은 우리 차례가 아닌교.

신라의 적족(適足)은
풀에 덮여 보이지 않고
가난한 영혼들이 잠든
초원에는
소먹이는 목동들
노래 소리만 메아리친다.

이삿짐

이 나이에 어디로 가야 하느냐.

가야 하나 말아야 하나
웃어야 하나 울어야 하나
정든 곳 떠나야 하는
아내의 아쉬운 눈빛
낯선 곳 찾아가는
아내의 두려운 눈빛
세월의 강을 건너
어느새 팔십천(八十川)에 이르러
숨겨둔 운명을 찾아
짐을 싸고 짐을 푼다.

이 나이에 어디로 가야 하느냐.

밀양에서

아랑의 영혼이 잠든 영마루에 앉아 구름 사이로 남천 강물 위에 뜬 별을 바라봅니다. 나부끼는 물결 따라 춤추는 별들이 구원의 빛과 같이 따사로운 자비의 소리로 소야곡처럼 감미롭게 노래하며 한밭 남천 강물을 외로이 기다립니다. 떨어져서 살아야 한다는 조그마한 생각이 깊은 상처를 입고 눈물로 기다렸습니다.

남풍 따라 찾아든 신사년의 봄은 잔인하게 얼어붙은 강을 녹여 흐르다 기다림의 영남루 남천 강물을 찾아와 떠 있는 황혼의 노래입니다.

원생과 같이 오마도에서

빙의(憑依) 세상

사계절은 무상하게 순환하는데
모든 영혼들은
출신의 본능 따라 춤추고
깨진 거울에 비친 영상만 바라보며
만의 상처 거기에 씻고
벼슬과 돈의 노예가 되어
진실을 가진다는 것은
한을 부른다는 것이라 노래하며
내일과 미래는
바보들의 이야기라 하네.
상처 입고 자라는 것이 세상이라 하지만
치미는 한숨 누르려고 하나
한숨이 한숨을 부를 뿐이네.

황혼의 봄에

산유화 향기 싣고
남풍에 들리는 표충사의 종소리는
샘물 위 매화꽃을 잠재운다.

진달래꽃 제약산을 불태우는데
배고픈 두견새인가
붉어진 황혼의 노래 부르며
돌아다봐야 아무도 없고
사라져 가는 역사처럼
나 혼자 홀홀히 가는 것이냐.

가슴을 움켜쥐고 생각하노니
어제도 가고 오늘도 가야 할
새로운 길이 보이는데
빛이 없는 길이라 꽃이 없구나.

찾아드는 나비 없으니
저절로 익어가는 황혼의 사랑은
허공 속에 뜬 무지개로구나.

■ 해설

소록도에 심은 인술의 빛과 보람

— 조창원 선생의 시세계

리 헌 석

(문학평론가, 대전문인협회 회장)

1. 조창원의 뜰에 들어서기

1926년 평안남도 평원에서 태어난 오마(五馬) 조창원(趙昌源) 선생은 서울대학교 의과대학교를 졸업하고 군의관으로 근무한다. 육군 대령으로 예편한 뒤, 첫 번째 임지인 국립소록도병원의 병원장으로 1961년부터 4년간 봉직한다.

그 후 국립 마산병원장, 국립재활원장을 거쳐 다시 1970년 국립소록도병원의 병원장이 되어 봉직할 때, 한하운 시인을 또 만나게 된다. 두 번이나 소록도병원의 원장이 되어 나환자들과 동고동락(同苦同樂)을 하며, 그들의 애환에 일희일비(一喜一悲)하는 가운데, 그들과 같은 마음이 되어 나환자들의 정착을 위해 심혈을 기울인다.

그 첫 번째 일로 오마도 개척을 손꼽을 수 있다. 소록도 건너편에 있는 오마도를 개척하여 음성 나환자들이 정착하도록 하겠다는 숭고한 의지로 시작한 일이다. 흙과 돌로 바다를 막는 대 역사를 환자들의 땀만으로 이루어야 하는 우공이산(愚公移山)의 역사라 할 수 있다.

병원장의 뜻에 따라 환자들은 열심히 노력한다. 병원장의 의지나 실적 때문이 아니라, 이 사업은 환자들의 소망과 사랑이 담긴 대 역사인 것이다. 손가락이 떨어지는데도 곡괭이질을 쉬지 않는다. 발가락이 떨어지는데도 손수레를 밀며, 바다의 높은 파도를 이긴다. 어떻게든지 개척을 하여 살아야 할 터전을 만들어야겠다는 일념(一念)으로 삽질을 쉬지 않는다.

이렇게 하여 바다를 막고 음성 나환자들의 정착촌에 대한 꿈이 이루어지는 듯했는데, 일부 정치인과 토호들의 획책으로 꿈이 사라진다. 이 과정은 소설가 이청준의 『당신들의 천국』에 상세하게 드러나 있는데, 조창원 선생은 다음과 같이 비유적으로 노래하기도 한다.

기쁜 소식 산울림으로
껑충껑충 마을에 전하고
고향 가는 나그네 길잡이 동무되어
길조라 사랑받는 까치가
감 도둑 누명 쓰고 쫓겨나
마을 동구밖 당산나무엔
빈 둥우리만 처량한데
감나무마다
한두 알씩 남겨 놓고
까치 까치 설날은 어저께고요
우리 우리 설날은 오늘이래요
마이크에 목청 높이는 정치인의 노래
군정(軍政)에 희생된 원한(怨恨)의
오마도(五馬島)의 노래.

— 「애한(哀恨)의 오마도(五馬島)」 전문

의사 조창원 선생은 1974년 소록도를 떠나 강화 가톨릭병원, 포항

제철 의무실, 강릉 성모병원, 근로복지공사 장성병원 규폐센타 병원장을 역임하다가 1990년 정년 퇴임한다. 이때 대전선병원에서 초청을 하여 유성선병원 원장으로 부임한다.

유성선병원 원장으로, 대전에서 생활하게 되면서 필자와 자연스럽게 만난다. 유화를 그리는 화백으로, 시와 수필을 쓰는 문인으로, 지방신문의 지면에서 종종 만나게 되고, 그러던 중에 필자가 주간으로 있는 문학잡지《오늘의문학》(2002년에《문학사랑》으로 제호 변경)에 참여한다.

이와 함께 조창원 원장은 대전 지역에서 문인과 화백으로 활동하게 되고, 여러 지면과 모임에서 고문이나 자문위원을 역임하며 봉사한다. 이런 모습을 약 10여 년간 지켜보고, 또한 함께 활동하면서, 선생의 높은 식견과 순수한 인품에 감탄하게 되었다. 이러한 인품은 선생의 작품 속에 그대로 반영되어 표현의 멋스러움보다 내용의 진솔성에 감동을 받는다.

선생은 1995년 〈소록도, 그 빛과 어둠〉이라는 유화 전시회를 통해 나환자에 대한 편견을 불식시키는 강렬한 메시지를 전달했으며, 이는 시민들에게 신선한 충격을 주기에 부족함이 없었다. 이 작품들은 일본의 황실 구라재단의 초청으로 일본에서 전시를 하고, 그 재단에 영구 보관 중이라는 신문의 보도를 접하기도 했다.

선생은 또한 탄광에서 일하다 규폐환자로 생명을 앗긴 영혼들을 위로하기 위해 〈검은 영혼과의 만남〉 유화전을 롯데대덕호텔 갤러리의 초청으로 가졌고, 이어 석탄공사에서 2차 전시회를 한 뒤, 그 곳에 영구 기증하기도 하며, 불쌍한 영혼들을 위무(慰撫)하기 위해 남다른 애정을 보이고 있다.

그러던 중에 자전적 수필집 『허허, 나이롱의사, 외길도 제길인 걸요』를 발간한다. 자신은 평생을 나환자와 규폐환자들을 돌보았는데,

그들을 완쾌시켜서 새로운 삶을 영위하게 하는 것이 아니라, 고칠 수 없는 질환에 의해 죽어 가는 환자들을 목격하면서 자조적으로 붙인 이름이 '나이롱의사'이다. 그러나 이것은 그가 스스로 한 말일 뿐, 환자에 대한 그의 사랑은 형언할 수 없는 깊이를 지니고 있다.

죽음의 도시 폐광촌
산더미 같은 폐탄 틈새에
4월의 꽃
진달래는 살아 피어
붉은 꽃잎 뚝뚝 떨어진다.
소쩍새 앞산에 울어
울다 가는 뒷산의 산울림.
살고자 죽어 간 영혼의 조가(弔歌) 같이
밤에도 울고 낮에도 우는구나.

—「폐광촌(廢鑛村)」 일부

이제 그는 마음속에 새겨진 아픔들을 시로 빚어 새롭게 시집을 엮는다. 이 시집에는 소록도병원에 근무할 때에 목격한 환자들의 고통과 슬픔이 자신의 내면으로 환치되어 드러나는 작품이 중심을 이루는데, 안타까움을 금할 수 없다.

이 작품들을 먼저 읽어 본 연유로, 그 작품들에 대해 나름대로 수용된 정서의 일단들을 감상문 형식으로 간략하게 정리하는 것이다.

2. 소록도에 펼쳐진 이야기

'소록도'는 단어의 의미 그대로 '작은 사슴'들이 뛰놀던 평화로운 섬이었을지도 모른다. 그러던 것이 일제시대부터 나환자들을 격리 수용하는 근거지가 되고, 이로 말미암아 소록도는 세상과 격리된 채 어둔 이미지를 얻게 된다.

그러한 이미지를 씻어내고, 죽음의 땅에 흘러넘치는 생동감을 부여한 것이 소록도 환자의 축구단이었다. 이들은 온갖 박대와 사회의 외면 속에서도 열심히 연습하여 전라남도의 대표 선수가 된다. 이러한 쾌거를 조창원 선생은 이렇게 표현한다.

> 우리는 공을 차러 이곳에 온 것이 아니라
> 인권과 자유를 찾으러 왔다.
> 발가락이 떨어져 없다.
> 손가락도 떨어져 없다.
> 솜을 꾹꾹 눌러
> 축구화 속에 처박고
> 한(恨)과 원(怨)을 차 부수어라.
> 겁에 질리지 마라.
> 전 세계의 Hansen 식구들이
> 신에게 기도 드리고 있다.
> 하늘을 믿어라.
> 정의를 위하여 대도를 달리는 것이다.
> 만일 이 경기에서 패하면
> 너희들과 나는 소록도 앞 바다의 귀신이 되자.
>
> —「소록도 축구팀」 일부

선생은 소록도 축구팀에게 이렇게 외친다. 〈우리는 편견과 차별을 물리치고/ 힘들게 여기까지 왔다./ 우리는 이겨야 한다. 꼭 이겨야 한다.〉 이러한 외침과 결연한 의지로 이들은 전국 체육대회 전라남도 대표로 선발되어 세상의 이목을 집중시킨다.

승리에 대한 기쁨과 보람에 대한 마음을 「축구 개선가」에 담아내기도 한다. 〈활짝 웃으며, 밀려온다./ 황령(荒靈)의 파도가/ 어깨동무하고/ 축배의 잔을 높이 들고/ 하얀 물거품이 승리의 노래가 되어/ 제비선창 부두에 뿌려 놓고 물러간다.〉고 환호한다. 〈오징어같이 짓눌리고 눌려/ 빼앗긴 자유와 인권을/ 한(恨)의 영혼이 스며든 '공' 하나가/ 꽁꽁 얼어붙은 원(怨)을 녹여줍니다./ 소록도 만세, 축구팀 만세!〉 한마음이 되어 서로 얼싸안고 기쁨을 나눈다.

승리의 환호성이 폭발하는 순간에도 서러움의 대명사가 등장한다. 이 작품에 나오는 '제비 선창'은 소록도에 있는 부두로, 나환자들은 이 부두만을 이용해야 하는 차별의 대명사이다. 물론 후에는 이러한 차별이 없어지고, 환자도 의료진이나 내방객과 같은 부두를 이용하였다고 하지만, 초기의 소록도 환자들은 차별의 대명사인 '제비 선창'을 이용했다는 것이다.

수만의 황령(荒靈)
비탄의 파도에 울고
밀물 타고 몰려드는 원(怨)
썰물 타고 밀려가는 한(恨)
갈매기 떼지어 대신 우는
한원(恨怨)의 제비 선창
90년의 비운의 역사
구라선에 묻고
천형 원한 울고파
찾아드는 혼령의 선창
제비 선창

—「소록도의 제비 선창」 전문

'제비 선창'의 차별도 슬픈 일이지만, 소록도에 한으로 남은 일은 하나둘이 아니다. 그 중에서도 독립 직후에 소록도 원생들이 집단 총살당하는 일이 벌어진다. 1945년 8월 22일 소록도 중앙리 백사장에서 원생 84명이 총살되어 매장된 사건은 그야말로 하늘이 진노할 만행이라 하겠다.

이때 한을 품고 죽은 원생들의 원한을 풀어주기 위해 애한(哀恨)

의 추모비(追慕碑)를 세운다. 원생들의 정성어린 성금과 관계자들의 도움, 그리고 주축이 된 강대시씨의 노력으로 2002년 비를 설립하게 된다. 조창원 선생은 고문으로서 뜻과 정성을 다하여 비가 설립되도록 최선을 다한다.

선생은 당시를 추념하며 애절한 시를 남긴다. 〈달려온다. 84인의 황령(荒靈)들이/ 푸른 한의 파도를 타고 일어서/ 서로 어깨동무를 하고 밀려온다./ 중앙리 백사장을 때리고 부수고/ 오, 하늘이여, 땅이여 / 왜 죽어야 했습니까?/ 말해 주소서!/ 분통을 터트리며 물거품으로 꺼진다.〉고 절절한 심정을 토로한다.

「애한(哀恨)의 추모비(追慕碑)」라는 슬프고 한스런 작품에서는 시인의 정서가 걸러지지 않은 채 직설적으로 드러나지만, 몇 몇 작품들에서는 정서의 미적 형상화를 보이기도 한다.

아름다웠습니다.
얼굴이 예뻤습니다.
네 손가락이 고왔습니다.
발가락으로 밟고 지나간
아름다운 영상들은
끊임없는 고통의 연속
허무했던 공상
눈 내리는 섬 소록도에
향기 높은 설중매로
꽃 피우고 싶습니다.

— 「설중매(雪中梅)」 전문

일견할 때, 이 작품은 아름다운 여인을 아름다움 그 자체로 노래했거나, 혹은 향기 높은 설중매로 환치된 은유로 볼 수도 있다. 그러나 찬찬하게 정리하면 '네 손가락이 고왔습니다'라는 말에 전율을 느끼게 한다. 소록도에서 손가락이 네 개라면, 이것은 손가락 하나가 나병에 의해 사라졌음을 의미한다. 또한 〈발가락으로 밟고 지나간/ 아름다운 영상들은/ 끊임없는 고통의 연속〉이라는 구절과 연계하여 볼 때, 그 상황은 자명해진다.

그러나 시인은 절망의 나락 속에서도 소망의 촛불을 꺼뜨리지 않는다. 눈 내리는 소록도에서 〈향기 높은 설중매〉로 꽃 피우고 싶다는 것은 시인의 간절함이 투영된 것이다. 시인은 자신의 내면에서 용출하는 뜨거운 시심을 아름다운 여성 나환자에게 의탁하여, 자신의 간절한 소망을 시로 빚은 것이다.

이처럼 슬프고 한스런 상황 속에서 시인은 영혼의 안식처인 어머니를 찾게 마련이다. 어머니의 사랑에 대한 작품은 여러 작품인데, 「소록도에서 불러보는 어머님의 자장가」는 평화와 열락의 매체로 기능한다. 어머니의 자장가는 음악의 여러 요소를 대입해 볼 때, 현대의 음악과는 거리가 먼 노래였겠지만, 시인에게 있어서는 가장 멋지고 아름답고 행복한 노래로 기억된다.

그 옛날
어머님이 불러 주시던 자장가는
가사도 곡도 음정도
박자도 없었습니다.
염불 같기도 한 긴 자작 노래였지만
신기하게도 그 속에는
언제나 사랑과 꿈과 행복의
아름다운 젖 향내가
묻어 있습니다.
혼곤한 꿈속에 젖은 나를
열락(悅樂)의 환상(幻想)의 세계로
인도해 줍니다.

—「소록도에서 불러보는 어머님의 자장가」 전문

이렇듯 선생은 소록도의 추억을 중심으로 시를 짓고, 수필을 쓰고, 그림을 그리면서 소록도의 아픔을 잊지 않고자 한다. 그와 동시에 나환자로서 고통 속에 살다간 불쌍한 영혼들을 위로하고자 한다.

이것이 조창원 선생의 남다른 인생이다. 소록도 병원장으로 부임하고 근무하게 되자마자 그 곳을 벗어나고자 노력하는 것이 일반적인 태도이겠지만, 그는 그 직책에 혼신을 다한다. 또한 그 곳을 벗어나면 뒤돌아 생각하기도 싫을 법한데, 선생은 80세를 바라보는 현재까지도 그들의 영혼을 위로하기 위해 혼신을 다한다. 의료인으로서, 그리고 문인으로서, 또한 화백으로서 자신의 여생과 여력을 모두 바칠 태세를 보인다. 그래서 그는 경외(敬畏)의 대상이 된다.

3. 조창원의 오솔길에서 나오기

조창원 선생은 탄광에서 일하다 고질병을 얻은 환자들을 치료하는 데도 온 정성을 다한다. '규폐 환자'들을 치료하는 유성선병원의 원장으로서 10여 년을 봉직하고, 80세를 바라보는 연세에 밀양의료원에서 다시 이들을 치료하면서 여생을 바치고 있다.

그런 가운데, 선생은 멋을 아는 휴머니스트로서의 면모를 보인다. 흰 머리칼을 휘날리며 빨간 티셔츠를 입은 멋쟁이 원장을 상상할 수나 있겠는가. '아 목동아'를 목청껏 노래하면서 젊은이들과 함께 밤을 지새는 모습을 생각이나 할 수 있겠는가. 그러나 이러한 모습이 바로 선생의 참모습이다. 그는 하얀 바지에 빨간 티셔츠를 한 채 물감을 들고 유화를 그린다. 잠이 오지 않는 밤에는 소록도와 탄광촌을 떠올리며 수필을 쓰고 시를 짓는다. 그러다가 뜻이 맞는 젊은이들을 만나면, 목청껏 노래도 하며 춤도 춘다. 봉사와 회생이란 삶의 또 다른 면모를 지닌 그는 보통사람이 생각할 수 없는 멋지고 훌륭한 신

사이다.

그러나 선생도 세월의 수레바퀴는 되돌릴 수 없는가 보다. 그러기에 다음과 같은 작품을 빚었을 것이다.

샘물에서 태어나
서로 모여 강이 되고
험준한 산맥 뚫고
기암 절벽 돌아
푸른 초원을 흐른다.

그 길처럼 사연 많은
내 인생도 흐른다.

—「고독, 늙은이의 노래」 전문

자신의 인생을 물에 비유한 절창이다. 그는 암울한 일제시대에 태어나 청소년기를 보냈다. 조국의 독립으로 기쁨을 표현하기도 전에 동족상잔인 6·25 전쟁이 발발하여 피난민으로서 고향을 그리게 된다. 군의관으로서 승승장구하여 당시는 최고 지위인 대령에까지 진급한다. 그리고 예편하여 소록도와 탄광촌의 불쌍한 영혼들을 치료하는데 일생을 보낸다.

그런 자신의 인생을 그는 〈사연 많은 내 인생〉이라는 짧은 말로 대신한다. 어쩌면 이보다 더 절실한 표현은 없을지 모른다. 덧붙여 보아야 군더더기나 사족(蛇足)에 머물 것이기 때문이다. 그리하여 〈험준한 산맥을 뚫〉는 젊은 날의 기상으로 그는 〈푸른 초원〉을 흐르며 자신의 인생 역정을 추억하는 것이리라.

이제 선생은 자신이 가야할 길을 「이삿짐」에 의탁하여 표현하기도 한다.

이 나이에 어디로 가야 하느냐

가야 하나 말아야 하나
웃어야 하나 울어야 하나
정든 곳 떠나야 하는
아내의 아쉬운 눈빛
낯선 곳 찾아가는
아내의 두려운 눈빛
세월의 강을 건너
어느새 팔십천(八十川)에 이르러
숨겨둔 운명을 찾아
짐을 싸고 짐을 푼다.

이 나이에 어디로 가야 하느냐

—「이삿짐」 전문

〈이 나이에 어디로 가야 하느냐〉라고 수미상관에 의해 강조한 선생은 스스로 이삿짐이 되기도 한다. 현실의 이삿짐을 의미함과 동시에 자신의 실존(實存)에 대한 자문(自問)의 성격을 지니기도 한 것이다.

그러나, 선생은 이러한 상념에 오래 잠기지 못할 운명을 타고났다. 아직도 규폐 환자들이 선생의 손길을 기다리고 있으며, 나환자들의 외로운 영혼을 위무(慰撫)할 일이 태산같이 쌓여 있기 때문이다. 그런 일을 감당하기 위해서, 이스라엘의 삼손보다 더 큰 힘과 솔로몬보다 더 빛나는 지혜가 선생에게 축복의 비처럼 임하기를 소망한다.

기행적 감상문 형식을 빌어, 간략하게 작품 소개를 마치며, 선생의 건강과 행복을 기원한다.

제2시집

소록도,
다시 부르는 연가

▌서문 ▌

세종대왕께서 제주도에 Hansen병을 격리 수용케 하고 친히 처방까지 보내어 치료하게 하신 이래 5백 년 간의 긴 세월이 지났다. 그런데도 이 병이 아직까지 우리 민족에게 끼친 비극은 헤아릴 수 없이 큰 것이었다.

이 긴 세월을 우리는 어쩌다가 아직도 Hansen병으로 인한 비극에서 우리들을 구출하는데 성공하지를 못하고 있는지 안타깝다. 그 이유를 생각해 보면 여러 가지가 있겠지만, 큰 이유 중의 하나는 우리들이 자라날 때부터 보채고 울면, 할머님이나 어머님이 달래기 위해서 '야~ 저기 Hansen병 환자가 와서 잡아간다'고 겁을 주면서 키워왔기 때문으로 보인다. 그렇기 때문에 Hansen병 환자에 대한 공포와 함께 그들을 저주하고, 편견으로 차별하게 되고, 이러한 잘못된 생각이 계속 전해 내려왔기 때문에 Hansen에 대한 비극의 역사는 끝날 줄 모르고 계속되었다.

예를 들면, 1945년 8월 15일 일본이 패망하고 해방의 기쁨이 한창일 때, 전남 고흥군 소록도에서는 직원과 환자 간에 병원 운영권 다툼으로 Hansen환자 간부 84명이 학살당한 대사건을 들 수 있다. 1957년 경남 삼천포 앞바다의 빅토리섬에 정착 농장을 개간하는 Hansen환자들을 주민 500여 명이 죽창과 돌 등으로 28명을 무참히 살해한 대사건이 있다. 그리고 1963년 국립 소록도 병원 음성 Hansen병자들이 소록도 옆의 오마도를 간척해서 330만 평의 옥토에 살아 보려는 꿈을 군사정부가 정치 야욕 때문에 탈취한 오마도 사건이 있다.

이 세 가지 대사건 중 1945년 소록도 대학살 사건과 1957년 빅토리 사건은 소록도 Hansen환자 김병년 씨가 책으로 그 사건의 전모를 출판했고, 오마도 사건에 대해선 2002년에 광주 MBC문화방송에서 한성협회의 도움을 받아 『땅을 빼앗긴 것이 아니라 희망을 빼앗긴 거야』라는 책자로 만들어 전모를 밝혔다.

다행한 일이라 생각한다. 왜냐하면 이러한 비극의 역사가 다시 되풀이 되지 않기 위해서는 Hansen 역사의 비극을 사실대로 後世人에게 알려 주어야 한다. 특히 Hansen병 환자들의 인권에 대해선 지금까지도 정부의 이해가 부족한 상태이다. 그렇기 때문에 이 글을 남기고 고인이 되신 김병년 목사님과 현 광주 MBC PD 김휘 씨에게 감사드린다. 작가 이청준 씨 또한 『당신들의 천국』이라는 소설로 소록도 오마도 간척사업 전모를 소개해 후세에 전하게 되었다. 대단히 감사한 일이다.

그리고 소록도에 〈哀恨의 哀慕碑〉를 세워 우리 나라의 크고 작은 박해에 희생된 분들의 명복을 빌고, 비극의 역사가 되풀이되지 않기 위해서, 이 碑 설립에 중심이 된 소록도 환자 대표 강대시 씨와 이 碑 설립의 기금 전액을 부담하신 한성협 고문이신 문석민 장로님, 또 전 회장님 신관현 씨에게 감사드리며, 소록도 Hansen식구들에게도 감사드리는 바이다.

그리고 이 대학살 진행 와중에 소록도 직원들이 환자들을 숨겨주고 구해준, 따뜻한 인간성이 담긴 미담을 소개하고자 한다. 1945. 8. 22 치안대가 소록도 환자 간부들을 이 잡듯 모조리 잡아다가 총살시키는 와중에서 환자 대표 김민옥 씨는 직원 지대로 피해서 부락 주임으로 있던 박기업 씨 집으로 찾아와 숨겨줄 것을 간곡히 요청한다. 박 주임은 자기가 난처해질 즐 알면서도 김민옥 씨를 감춰 주고 이를 살려 주었다.

또 벌교로 콩을 실러 갔던 건설대 요원들은 소록도에 무슨 일이 일어났는지도 모르고 콩을 싣고 오다가 녹동 앞바다에서 대기하고 있던 치안대들이 배를 세워 놓고 올라가 마구 총살을 시켜 버린다. 이 와중에서 선장 김창석 씨와 박춘길 씨는 도망 오는 환자를 선장실 창고에 숨겨 주고 바다에 빠진 환자들을 건져 살려준다.

이러한 몇 분 직원들의 선행에 대해서, 우리들을 많은 찬사를 보내야 하며, 이들의 선행을 길이 빛나도록 선덕비나 선행비, 혹은 창덕비를 세워 후세인들에게 알려 주어야 한다고 생각한다.

끝으로 이 책의 이익금은 소록도 선각자들의 기념비 설립 자금에 보탠다는 것을 알려 드린다. 이 책 속에 돌아가신 분들의 遺言들은 사건 당시 中央里 앞바다에 사체 매장 구덩이를 팠던 환자들로부터 들은 傳言이며, 또 일부는 본인이 상상해서 작성한 것임을 알려 둔다.

— 밀양에서 저자

1부

소록도 사랑, 다시 부르는 연가

소록도 사랑, 다시 부르는 연가

— 소록도 '대학살'과 '미담'의 주인공 발굴

■ 대담자

의학박사 **조창원** (녹음에 의한 육성)
소록도 병원 원장을 1차 4년, 2차 4년 역임.
소록도 배경으로 유화 전시회 개최.
시집「소록도 민들레」발간

■ 대담 및 정리

리헌석(시인, 문학평론가)

1. 소록도에 대한 사랑(첫번째 대담)

리헌석 : 안녕하십니까? 원장님 연세가 80을 바라보는데도, 참으로 건강하시고 멋져 보이십니다. 한국의 슈바이처가 되기 위해서는 우선 건강하셔야겠습니다.

조창원 : 고맙습니다. 건강은 타고 난 것 같디요. 그래도 요즘은 좀 힘들 때가 있다구요. 우리 다 같이 조심합세다.

리헌석 : 조원장님을 대전에서 만나, 10여 년 가까이 모시고 문학과 예술에 대한 말씀을 들어 왔습니다. 또한 환자들에 대한 지극한

이청준씨와 동아일보사 앞에서

사랑과 정성을 곁에서 보아 왔습니다. 특히 소록도를 중심으로 한 한센 병 환자들과 규폐 환자들에 대한 남다른 관심과 사랑을 대하면서 감동하기도 했습니다. 몇몇 일상사에 대한 이야기를 한 후, 본격적인 소록도 말씀을 듣도록 하겠습니다.

조창원 : 그렇게 하시라요. 그런데 무슨 말부터 시작하디요?

리헌석 : 얼마 전에 원장님을 주인공 모델로 한 이청준의 소설 『당신들의 천국』 100쇄를 기념하여 서울에서 이청준 작가님과 만났다고 들었습니다.

조창원 : 만났디요. 서울 그 무슨 회관인가 큰 건물 앞에서 만나서로 껴안고 그랬디요. 그거이 사진으로 나왔는데, 바로 이거야요. 그 친구도 이제 많이 늙었더구만. 내가 소록도 병원장으로 있을 때

인데, 대학생이었던가, 젊은 사람이 와서, 소설을 쓴다면서 취재를 해갔어요. 그것이 나중에 소설로 맨들어져가지구서리, 그게 『당신들의 천국』이라 말이지요. 사실 뭐가 뭔지 처음엔 잘 몰랐지만, 나중에 보니, 그가 유명한 소설가가 되고, 또 그 소설이 유명해지면서 나도 덩달아 유명해졌지요. 소록도라는 것을 다른 사람들이 거들떠보지도 않는데, 젊은 사람이 와서 관심을 갖는다는 게 싫지는 않았지요. 그래서 오마도 간척 사업과 군정에서 빼앗아 간 것까지 모두 들통이 났지요.

실지 오마도 개척은 한으로 한 거야요. 한센병 환자들과 병이 나은 사람들이 어떻게든지 한번 잘 살아 보겠다고 한 거야요. 손가락이 없는 사람도 있고, 발가락이 없는 사람들이 몇 년을 걸쳐 개척한 것인데, 군사 독재 정권이 정부 이양은 않고, 그냥 날로 먹어 버린 거야요. 그때 환자들에게 그 섬이 주어졌다면, 환자들은 참으로 좋아졌을 거야요.

근데, 오마도 사건에 대해서는 이청준 작가의 『당신들의 천국』을 보는 게 낫지 않겠어요?

리헌석 : 그러는 것이 좋겠습니다. 참 얼마 전에 소록도 병원장을 두 번씩이나 역임하면서 얻은 영감을 그림으로 그려서 전시회를 한 것으로 아는데요.

조창원 : 첨에 그림을 그려서 전시회를 한 것이 〈소록도의 빛과 그늘〉이었어요. 소록도에서 보고 들은 것을 유화로 그려서 전시를 했지요. 대전에서 하고, 서울에서 하고, 그리고 일본에서도 초청을 받아 했지요. 그 그림들은 지금 일본 황실에서 지원하는 한센협회에서 보관하고 있어요. 그런 그림은 일본에서도 볼 수 없는 특별한 것이라고 대단들 했지요. 일본 왕복 교통비, 숙박비 모두를 그들이 제공

하면서 전시회를 했어요.

그런 작품이 우리 나라에는 받아들여지지 않는 것이 안타깝기도 해요. 눈썹 없는 여자의 그림을 누가 보관하고 싶갔어요? 문둥병으로 다리가 하나 없는 그림을 누가 전시하고 싶갔어요? 처음엔 작품을 소록도에 모두 다 기증했는데, 창고에서 썩는다는 거야요. 그때 일본에서 전시를 하고 싶다고 해서, 일본 가서 전시를 하고, 모두 다 기증하고 왔지요. 우리 나라에 보관하고, 전시하고 싶었는데, 그럴 수 없는 거야요. 그게 안타까운 일이지요.

그 다음이 탄광에서 얻은 규폐환자들을 치료하면서 본 것, 들은 것, 생각한 것을 그림으로 그려서 전시를 했어요. 〈검은 영혼과의 만남〉이라고 제목을 붙여서, 대전에 있는 대덕롯데호텔의 초청을 받아 전시를 하고, 다음에 서울의 석탄공사에서 전시를 했어요. 그 작품들은 다행히 석탄박물관에서 받아주었어요. 그래서 지금도 그 그림들이 석탄박물관에서 전시되어 살아 있게 되었으니, 얼마나 다행한 일입니까?

리헌석 : 의술만을 펼치시는 것도 참으로 소중한 일인데, 그 환자들의 아픔을 그림으로 그려서 한센 역사에 새로운 기록을 남기시고, 탄광 근로자의 애환을 그림으로 그려서 박물관에 영원히 보관 및 전시된다는 것은 놀라운 일입니다. 그리고 지난해인 2002년 12월에는 소록도 환자들의 애환을 시로 창작하셔서 시집 『소록도 민들레』를 발간하셔서 노익장의 특별한 사랑을 보이셨습니다.

조창원 : 그림을 그리다 보니까, 그림으로는 다 말하지 못하는 것들이 있어요. 그래서 엉터리라도 기록을 해야겠다는 생각이 들었지요. 시가 되는지, 말이 되는지, 그리고 글이 되는지도 모르면서, 기록으로 남겨야겠다는 일념으로 시를 지었지요. 그러다가 소록도 학살

일본인 横田正吾씨와 함께

사건을 잊지 말자고 〈애한의 추모비〉를 세우게 되었어요. 그 때, 그 비석에서 빠진 의로운 사람들이 있었다는 것을 깨닫게 되었어요. 그 분들의 선행을 기록으로 남겨야겠는데, 그 자금이 없어요. 그래서 시집을 만들어 팔아, 돈이 되면 그 분들을 기념하는 비석을 세워야겠다는 생각이 언뜻 들어서 용기를 내 가지고 책을 내었지요.

나는 진실만을 썼기 때문에 작품이 잘 되었는지는 몰라요. 그런데, 읽어 본 사람들이 깜짝 놀라데요. 그래서 다 늙은이가 주책을 부린 것을, 조금은 안도할 수 있었어요. 앞으로 말씀드릴 소록도 대학살 사건은 정말 잊을 수가 없어요. 그런 만행이 저질러졌다는 것에 경악을 금할 수 없어요. 차차 이야기하겠지만 소름 끼치는 일이고, 인간으로서 차마 그럴 수는 없는 거야요. 그것이 말예요.

리헌석 : 그림도 모두 기증하시고, 시집도 모두 소록도 자치위원회에 기증한 것으로 압니다. 그래서 원장님의 생명이 있는 한, 슈바이처의 역할을 다하는 분으로 칭찬을 받고 계십니다.

조창원 : 내가 돈이 없어요? 나 먹고 살 만큼 돈 있어요. 자식들도 먹고 살 만해요. 어떤 인연으로든지, 소록도 병원 원장을 두 번씩이나 했으니, 남은 일생도 그들을 위해 봉사하고, 뭔가 조금이라도 도움이 되고 싶은 마음뿐이에요. 아무려면 우리 모두, 그렇지 않겠어요? 어려운 사람을 보면 도와 주고 싶고, 물에 빠진 사람을 보면 건져주고 싶지 않겠어요?

그런데 나는 소록도에 8년이나 있으면서 그들과 인연을 맺었어요. 이제 남은 인생도 그분네들을 위해 힘을 쏟으려고 해요. 한센병은 나라에서만 맡아야 되는 것도 아니에요. 이제 거의 잘 낫는 병으로, 크게 걱정하지 않아요 돼요. 중요한 것은 그분네들에 대한 세상의 눈빛이야요. 정상적으로 대해 주는 것이 아니라, 옛날의 문둥이로 대하는 거예요. 옛날에는 말 안 듣는 사람들에게 '문둥이 온다!'고 겁을 주었잖아요. 그런 선입견이 아직도 환자들을 차별하는 거야요. 그것을 없애는데 우리가 힘을 합해야 합니다.

그것이 우리가 할 일이지요.

리헌석 : 우리 모두 그렇게 해야 할 것 같습니다. 오래도록 말씀하시느라 수고하셨습니다. 다음에 더 자세한 말씀을 듣기로 하고, 오늘은 이상으로 마치겠습니다. 감사합니다.

조창원 : 고맙습니다.

2. 한센병과 소록도 역사(두 번째 대담)

리헌석 : 예수님이 계시던 이스라엘에도 나환자들이 있었던 것 같

습니다. 성경에서는 하늘에 죄를 지은 사람이 걸리는 병처럼 인식되기도 했던 것 같습니다. 환자들을 광야로 내쫓았던 것은 치료할 약은 없고, 다른 사람들에게 병을 옮기게 할 염려 때문이 아닌가 생각이 듭니다. 그만큼 한센병은 역사가 오래인 것 같습니다. 우리 나라의 한센병 발병과 치료 방법 등에 대한 기록도 있습니까?

조창원 : 한센의 역사는 대단히 오래된 역사를 갖고 있습니다만, 불행히도 의학 서적에 남아 있는 것은 없습니다. 우리 나라의 경우는 조선시대의 기록이 남아 있습니다. 제일 확실한 것은 조선의 세종대왕께서 제주도에 한센병 환자들을 격리 수용시키고, 친히 처방전까지 써서 이 양반들을 학대하지 말고, 잘 치료해 주라는 기록이 남아 있습니다.

지금으로부터 약 500여 년 전, 긴 세월입니다만, 한센병이 우리 민족에 끼친 비극은 헤아릴 수가 없습니다. 이 긴 세월 동안 어쩌다가 한센병으로부터 우리들 자신이 자유롭지 못한지 참으로 안타깝습니다. 그 이유를 나는 이렇게 생각합니다.

여러 가지 이유가 있겠습니다만, 우리 나라는 자랄 때부터, 울고 보채는 아이들에게, '야, 저기 문둥이가 너 잡으러 온다.'라고 겁을 주어 길렀습니다. 그러면 울던 아이들도 울음을 그쳤다는 거야요. 이런 풍습으로 인해, 한센병에 대한 차별, 인권유린 등은 아무것도 아닌 것처럼 인식되어 내려온 것 같습니다.

우리 나라의 역사에 있었던 모두를 들추어 말할 수는 없고, 근세 해방 이후만 보더라도, 소록도에서 1945년에 해방과 동시에, 그 직원들과 환자들 사이에 병원 운영권 문제로 시비가 일어나서, 그 당시 정부가 수립되기 전이니까, 지방 자치 치안대가 몰려와 소록도의 환자 간부를 84명이나 학살하는 만행이 있었습니다.

그 다음에 약 10년 지나서 경남 삼천포 앞바다 섬의 학살도 무서

강대시 원생대표와 함께

운 일이었어요. 과수원을 하던 사람들이 나가서 폐농한 섬이 있었어요. 이곳에 소록도에서 다 나은 사람들이 정착을 하려고 개간을 하고 있었어요. 그런데 그 인동 주민들이 당시 한센병 환자들과 다 나은 사람들을 포함하여 28명이나 살해한 일이 있었어요. 이렇게 비참한 역사가 바로 한센병 환자들의 역사입니다.

그 다음에 또 1963년인가, 소록도의 다 나은 음성 환자들이 고향에도 못 가고, 바다라도 막아 살아보자고, 소록도 옆의 오마도 330만 평을 개간했는데, 당시 혁명군이 관장하고 있던 1961년에 개간을 시작했어요. 그런데 군정이 국민을 배반해 가지고, 군대로 원대복귀한다고 한 것을 집어 치워 가지고, 환자들의 정착지인 오마도 330만 평을 빼앗아 정치적으로 이용한 사건이 있어요.

물론 작은 사건들도 헤아릴 수 없어요. 그렇지만 이렇게 큰 3대

사건을 돌아볼 때, 이 한센 병에 대해서는, 그 사람들의 인권유린에 대해서는, 아무런 양심의 가책 없이 대하고 있어요.

이것은 오래 살아오면서 잘못된 습관 때문에 그렇다고 봅니다. 그러나 다행히도 1980년대부터는 이제 우리 나라도 경제 사회 문화적으로 선진화되기 시작하면서부터, 살기가 바빠서 그런지는 몰라도, 한센 환자들에 대한 박해는 많이 누그러졌습니다. 편견 차별도 많이 시정되었다고는 보지만, 아직도 편견과 차별의 벽은 상당히 두텁습니다. 이것은 세월이 가면 많이 달라지겠지요.

이 3대 사건에 대해서는 원생 환자였다가 목사가 된 김병연씨가 소록도의 대학살 사건과 빅토리 대학살 사건에 대해서는 책으로 썼습니다. 이 내용에 대해서 덧 설명을 할 필요가 없고요. 오마도 사건에 대해서도 광주 문화방송에서 책자를 만들었습니다. 다행하게도 3대 사건에 대해서는 다 기록으로 남아 있습니다.

그런데, 이제 소록도의 대학살 사건에 대해서 김병연 목사님이 쓴 내용을 다 말할 필요는 없고, 대충 일부를 말씀드려야 합니다. 간혹 빠진 부분과 그냥 넘어간 부분에 대해 보충하는 것이 더 진실에 근접하기 때문이야요.

3. 소록도 학살의 진상(세 번째 대담)

리헌석 : 소록도 대학살 사건이 발생한 지 반 세기가 넘어 애한의 추모비를 세웠고, 그에 대한 감회도 새로울 것입니다.

조창원 : 그럼요. 말도 못하지요. 그러나 애한의 추모비가 세워지고, 더욱 안타까운 것이 있어요. 직원들의 만행에 의하여 환자들이 학살당한 것은 틀림없는 사실이고, 하늘로부터 벌을 받을 천인공로할 일이지요. 그러나 직원들이 모두 나쁜 사람은 아니었어요. 몇몇 사람

들이 잘못하여, 대학살로 이어진 것이지요. 그 과정에서 선행을 베푼 직원도 있습니다. 그 분들에 대한 공적도 기록되기를 바래서, 그래서 후세에 선행이 남아 진실이 밝혀지기를 바래요. 그래서 기억을 되살려 대담으로 남기기로 했어요.

리헌석 : 원장님께서 말씀하시는 것처럼 소록도 대학살은 용서할 수도 없고, 용서해서도 안될 일이라고 봅니다. 그러나 그 사건에 대해 여러 각도로 조명하여, 잊혀진 의인들을 역사의 전면에 나서도록 하는 것은 중요한 일이라고 생각합니다. 생각을 되살려서, 가능하면 상세하게 말씀해 주시기 바랍니다.

조창원 : 해방이 되고 일제가 물러나면서, 환자들은 소록도 역시 일제로부터 받던 압박과 수형생활에서 벗어났다는 기쁨이 컸습니다. '야, 이렇게 해방이 되었으니, 우리끼리 잘 살아보자.' 이래 가지고 환자들이 자치제를 하게 되었어요. 당시 5,000여 명의 환자가 6개 부락에 흩어져 살았는데, 부락마다 환자 대표를 뽑아 자치제를 했어요.

일본 사람들이 패망하면서, 8월 15일날 바로 떠난 게 아니고, 저희들이 갈 데가 없으니까, 이틀 간은 숨기고 있다가, 벌교 일본군과 연락이 닿아 일본으로 무사하게 돌아갈 수 있게 되니까, 그때서야 이들이 환자들을 모아놓고 (해방된 사실을) 밝혔어요.

그런데 문제는 여기에서 터진 거야요. 자기네들이 패망하여 일본으로 돌아간다고 말하고, 환자들이나 직원들의 대표를 오라고 해서 식량과 일용품들이 확보되어 있으니까, 대표자들에게 주었으면 되는데, 떠나는 일본 원장이 한국인 석천 의사라는 사람을 불러 열쇠를 주며, '잘 관리하고 운영하라.'고 석씨에게 열쇠를 맡겼어요.

또 이 석씨가 환자와 직원들에게 말했으면 잘 되었을 텐데, 이 사람도 열쇠를 들고 환자들에게 갔어요. 일본 원장이 열쇠를 맡기며

소록도 2대 원장 창덕비 앞에서(본인 재직시 건립한 비)

운영하라고 했다고 말했지요. 이것을 직원들과 상의해서 운영하겠다고 말했어요. 그 당시는 식량과 약품은 돈 가지고도 살 수 없는 거예요. 그러자 환자들은 '안 된다. 우리 자치에서 운영하겠다.' 이렇게 주장했어요.

이렇게 되니까 직원들 입장에서는 당장 먹고 살 길이 막연한 거예요. 특히 소록도는 격리된 곳이라서, 어디 가서, 쌀 한 톨 구할 수가 없어요. 그래서 직원 지대에서는 참으로 다급하게 된 거예요. 석천 의사 보고 '당신은 왜 운영권을 환자에게 줬느냐?'고 따져서 싸움이 일어나게 된 거예요.

이때도 석 이사가 '싸울 필요 없이 환자와 직원들이 의논해서 합시다.' 이렇게 말했으면 되는데, 석 이사는 직원들이 식량과 약품을 탈취해 팔아먹을 수도 있겠다고 생각하여, 환자들에게 그렇게 될 우려를 말한 것은 사실이에요. 환자들에게 직원 지대에서 열쇠를 갖고 있으면 안 된다는 말을 한 것도 사실이에요.

그러니까, 환자들은 그들대로 '안 된다. 우리가 창고를 지켜야 된다.' 라고 주장하여 직원 지대로 올라가 타협하기로 의견을 모은 거예요. 그것도 환자들이 몰려가지 말고, 몇몇 대표들이 직원과 의논했으면 문제가 생기지 않았을 텐데, 환자들이 왁 밀려가게 되었다 말이지. 그러니까 직원들이 겁을 낼 수밖에 없는 거예요.

리헌석 : 아, 그 큰 사건의 발단은 아주 작은 오해로부터 비롯되었군요. 모든 역사를 보면, 작은 오해가 쌓이고 쌓여, 큰 명분을 만들고, 그래서 큰 전쟁도 작은 오해에서 비롯된다는 말과 같습니다. 그 다음을 말씀해 주시기 바랍니다.

조창원 : 직원 중에 오순재씨와 송희갑씨가 있어서, 직원들의 주동이 되었어요. 직원 모두 환자가 직원 지대로 몰려오면 큰일이라고 생각하고, 겁에 질려 있었지요. 소록도에서는 환자들이 직원 지대로 오는 것이 금지되어 있었던 때였지요. 그 뿐만 아니라, 환자들이 소록도 운영권을 가지면 자기네들 직장 문제도 있고, 당장 먹고살아야 할 일이 걱정되는 다급한 입장에 선 것이지요.

그래서 당장 환자들이 막 밀려온다는 정보가 있자, 직원 대표인 오순재씨와 송씨가 녹동의 치안자치대원에게 연락을 한 거예요. '환자들이 우리를 쫓아 버리려고 쳐올라 오니, 우리를 살려 달라.'고 해버린 거예요.

치안대 몇몇이 총을 갖고 있었는데, 환자들이 막 몰려오니까 총을 쐈다 이거예요. 앞에 있는 사람이 총을 맞고 쓰러지면, 그때 도망이라도 갔으면 되었는데, 뒤에서 누군가가 '공포탄이니 올라가라!'고 선동을 하는 거예요. 그래서 희생이 더 크게 되었던 거야요.

여기서 꼭 알아두어야 할 것이 있어요. 직원 지대에서 환자들이 몰려 오는 것을 왜 그렇게 공포심을 갖게 되었느냐 하는 거야요. 그것은 해방이 된 이틀 만에 일본이 항복한 것을 환자들에게 말했더니, 환자들이 한국 직원 한 사람을 미워해서, 그 사람을 집단 구타하였고, 그 사람이 죽어 버렸어요. 그러니, 직원들은 환자들이 밀려온다고 하니, 겁을 먹고 치안대에 연락을 안 할 수가 없었던 거야요. 그래 동원된 치안대가 환자들에게 총을 쏜 거지요.

상황이 이렇게 되고 보니까, 녹동의 치안대 5~6명이 환자 5,000여 명을 상대할 수는 없다 말이지. 또 환자들을 죽이지 않았다면 모르지만, 환자가 8명이나 죽었으니, '이제 우리들은 무사할 수 없겠구나.' 이런 생각을 치안대들과 직원들 모두 했다 이거야요.

그래서 고흥의 자치 치안대에 '환자들의 반란' 소식을 연락하고 출동을 부탁하자, 고흥 치안대는 소록도로 치안대원 30여 명을 완전무장을 시켜 밤새 들여보냈다 이거지요. 오씨하고 송씨하고 의논한 치안대는 다음과 같이 결정을 했지요.

'만일 5,000여 명이 다 올라오면 우리들 모두 죽게 되지 않겠느냐? 그렇다면 환자 대표들과 만나서 협의하자고 했으니까, 그때 오는 환자 대표들을 모두 해 치우자!'

그렇게 되어 환자 대표와 만날 장소였던 미아리소(지금의 경비소)로 가서 기다리고 있다가, 시간 내에 도착한 50여 명을 모조리 총으로 쏴 죽이고, 눈치 채고 도망가거나, 숨은 사람들을 잡아서 중앙리 해변으로 끌고 가서, 총으로 쏴 죽여 버렸다고 하지요. 그냥 모두 총살을 했지요.

이때라도 석 이사가 나서서 이렇게 진행되지 않도록 했으면 되었을 것을, 자기는 싹 빠지고 오씨하고 송씨하고 부락 대표들만 남겨 두었으니, 그렇게 될 수밖에 더 있갔시오?

죽은 환자들은 모래밭을 파서 집어 넣고, 부상 당하고 살아 있는 사람들도 모두 집어 넣고 일본 사람들이 저장한 송탄유, 전쟁 때 쓰려고 소나무 기름을 많이 모아 두었었는데, 그 기름을 모두 부어서 불을 질러 태웠어요. 검은 연기가 나고 몇 날 몇 일 동안 연기 세상이 되었다고 그래요.

여기에서 끝났다면, 직원 지대와 환자들의 의견 대립으로 그렇게 되었다고 할 수도 있는 거야요. 그런데, 당시 소록도에 없는 환자들마저 무참하게 찾아 죽였으니, 이는 천인공노할 일이지요.

리헌석 : 말씀을 들어 보면, 오해에서 비롯된 사건이 크게 확대가 된 것이었습니다. 직원이든지, 혹은 환자든지, 그런 상황이 오면 죽기 아니면 살기로 독해질 수밖에 없을 것도 같습니다. 소록도 사건 말고 '천인공노할 사건'을 좀 간략하게 정리해 주시기 바랍니다.

조창원 : 그라디요. 내가 직접 목격한 것은 아니고, 몇 사람들에게 들어 알고 있는 내용이라요. 그런데, 들으면 들을수록 그 모습들이 현실처럼 떠올라서 소름이 끼칩니다.

리헌석 : 그런 감정을 정리하시고, 차분하게, 객관적으로 말씀을 해 주시기 바랍니다.

조창원 : 당시 소록도에는 건설대원이라는 게 있었어요. 그들은 섬의 식량도 나르고, 일도 하고 그랬어요. 그들이 벌교로 콩을 실러 그 사건 있기 3일 전에 가 있었어요. 이들이 소록도로 오는데, 녹동 앞바다에서 치안대들이 총을 쏘고 배에 올라 거기 있는 환자들을 학살했어요. 이것은 이해가 안 간다 이거예요. 이 사람들은 소록도에서 쓸 식량을 실러 간 것이지, 직원들과 싸우지 않은 사람들이라 이거야요. 그런데 이들을 기다렸다가 학살한 것은 상당히 잘못 된 것이라

추모비 건립 기념사

이거예요.

여기에서 주의 깊게 보아야 할 것은 환자 간부 김민옥씨는 직원 지대로 도망가서 박 주임네 집으로 가서 살려 달라 애원을 해서 박 주임이 불쌍히 여겨 감싸주었다 말이지요. 여러 가지 위험 곤란을 무릅쓰고 환자를 이 양반이 숨겨 놓고 살렸다 이 말이지요. 이것을 보면 소록도 직원들이 모두 다 나쁜 것은 아니라 이거예요.

또 콩을 실러 갔던 삼일호 김창석 선장 때문에 살았난 박순암씨와 서영달 등을 다 만나서 말해보고 동네 사람들하고도 대화를 해보았어요.

직원 대표인 오씨와 송씨가 괜히 나서서 사건을 크게 만들어 놓았다 이거예요. 석씨도 그렇다 말이에요. 자기가 창고 열쇠를 받았으면 처신을 옳게 했어야 하는데, 그러하지 못했다 말이에요. 석씨는 직원과 환자를 싸움 붙여 놓고 자기는 쏙 빠져서 몰래 도망갔다 말이지요. 석천 의사와 환자 대표 이정기씨는 함께 달아났다 말이지요. 그런데 환자 대표 이정기씨는 소록도에 남겨둔 물건을 찾으려 갔다가 잡혀서, 선창가에 준비된 장작불에 산 채로 던져져서 죽었다 말이에요. 이 분은 일본 유학도 다녀오고, 아주 인테리 환자 대표였는데, 욕심이 지나쳐서 죽었다 말이지요. 이 분이 죽어 90여 명 환자 대표 중에 84명이 죽었다 말이에요. 그러나 이 와중에서도 직원 한 사람, 한 사람의 인간성이 모두 나쁘다는 것은 아니라는 겁니다. 좀 더 자세한 이야기는 다음에 하디요.

4. 학살 사건의 명암(네 번째 대담)

리헌석 : 참으로 안타까운 일들이 벌어졌고, 그 사건들이 명명백백하게 밝혀진 것은 한센 역사를 바로 정리하기 위해서도 중요한 일로 보입니다. 소록도 학살 사건의 진실을 규명해 주시겠다는 약속에 따라, 들으신 것들을 상세하게, 기억을 더듬으며 말씀해 주시기 바랍니다.

조창원 : 소록도의 대학살 사건 와중에서 말입니다. 특히 직원들의 만행은 이미 다 밝혀졌기 때문에, 특별한 사람들의 미담을 소개하려고 합니다. 왜냐하면 대학살 사건 때문에 이 분들의 미담이 지워져 버렸기 때문입니다.

또한 대학살 사건이 전 직원이 합심해서 저지른 만행으로 오인될 것 같아서입니다. 역사라는 것은 정확하게 보고 말해야 합니다. 그 당시에 있던 사람들, 내가 만나 보았더니 다 늙었더라고요. 그래도 살아 계셔서 직접 대화를 하고, 그 분들에게 구출된 환자들에 대해서 들었습니다. 나는 그분들을 만나 학살의 진실을 확인하고 그 비석을 세워 당시의 사건들을 제대로 알리기 위해 이 내용을 수집한 것입니다.

리헌석 : 그러면, 차근차근 객관적이고, 감정을 정리하시고, 진실에 입각하여 말씀해 주시기 바랍니다.

조창원 : 1945년 8월 22일, 녹동 치안대와 고흥 치안대가 와서 환자 가족 소탕작전을 하게 되었다고 합니다. 다른 직원들은 잘 모르고, 오순재씨와 송씨가 주가 되어 저지른 일인 것 같습니다. 이들은 소록도의 자치권이 직원이 아닌 환자로 넘어가면 곤란하다고 생각되어, 치안대와 저지른 일이라고 합니다.

환자 간부들을 살려 두면, 직원들을 공격할 것이라서 환자 간부들을 무두 사살하기로 의논 끝에 가결이 된 거예요. 그래서 10시에 감시소에서 만나자고 해서, 그 자리에 오는 족족 총살을 했다 말이에요. 나머지는 기미를 채고 도망갔는데, 도망간 사람들을 찾아서, 소록도 중앙 백사장 앞에서 쏴 죽였다 이 말이에요.

이 와중에서 김민옥이라는 환자 대표가 있었는데, 소록도는 워낙 작은 섬이라서 숨을 곳이 없다 말입니다. 기껏해야 산에 올라가는데, 산에도 쫙하니 치안대가 늘어서서 노루사냥 하듯이 하니, 거의 다 붙잡혔어요. 그런데 김민옥이라는 사람은 구봉리에 있는 박기업 주임을 찾아 갔어요. 박 주임은 평소에 환자들에게 잘 해서 인기가 좋았다고 해요. 그 말은 환자들을 잘 대접하고 그랬다는 거지요. 그래서 밤에 숨었다가 박 주임 집에 찾아가서 숨겨달랬다고 그래요.

이 사람이 나에게 한 말은 맨발로 산을 도망와서 발이 모두 피투성이가 되어서, 사람이 사람 같지 않더라는 거야요. 큰 소리로 부르지도 못하고, 옆에도 직원 집들이 붙어 있으니까 말이지. 환자가 찾아왔다는 것이 알려지면 문제가 커지니까 말이지요. 그래서 몰래 박 주임을 부르는데, 마침 그가 집에 있었어요.

소록도의 현재 부두에서

자기와 애들도 모두 집에 있었는데, 밖에서 자기를 부르는 거예요. '아니 당신 어떻게 여기를 왔느냐?'고 하자, 환자 대표는 땅에 엎드려서 살려달라고 애원을 하더라는 거야요. 박 주임은 옆집에서 알면 곤란하니까, 자기 집에 불러 놓고 사건 전모를 들었어요.

박 주임은 환자 대표를 살려 두었다가 알려지면 치안대에서 배신자라고 난동을 부릴까 겁이 나더라는 거예요. 그렇다고 다시 가라고 할 수도 없고, 자기 가족은 겁이 나서 피하고, 그래도 하는 수 없이 돕기로 했다 말이에요.

그래서 곳간에 숨겨 두고, 애들하고 부인보고, 환자 숨은 것을 말하면 안 된다고 당부했어요. 그러면 아버지도 죽으니까 절대로 말하면 안 된다고 부탁하고 이틀 동안 박 주임도 바깥에 안 나갔다는 거

소록도에서 오마도를 바라보며

예요.

안 나가면 옆 사람들이 이상하게 생각할까봐 잠깐 나갔다가 돌아오고 그랬다는 거야요. 왜냐하면 자기 집에 찾아오는 사람도 있는데, 집 안으로 못 들어오게 하려고 말이에요. 그때 박 주임이 겪었던 정신적 고통은 헤아릴 수가 없는 거야요.

그래 나는 그 박 주임을 생각하면 할수록 훌륭한 거야요. 또 박 주임이 하는 말이 비밀을 지킨다고 하는 것도 하루이틀도 아니고, 또 옆집의 사람들도 기미를 챘다는 거야요. 기미를 알면서도 감추어 주었다는 거야요.

소록도에 가보면 알지만, 집이 다 붙어 있는데, 옆의 집에 있는 것을 모를 수가 없어요. 관사의 속성이 말예요. 그 직원 지대 일대의 직원들이 이 환자를 살리려고 했다는 거예요. 박 주임 혼자 아무리

살리려고 해도 이것은 못 살린다는 거야요. 그 주위에서 다 살리려는 말은 안 해도 살리려는 생각이 있었기 때문에 살아난 거야요.

이틀 후에 박 주임이 나가 보니, 치안대가 모두 철수해서, 김민옥씨에게 이제 가라고 했다는 거에요. 김민옥씨는 환자라서 붙잡고 울지는 못하고 땅바닥에 돗자리를 펴놓고 감사하다고 하며 그렇게 울더라는 거야요. 박 주임은 엉겁결에 그렇게 되었는데, 살려 주고 나니까, 자기 마음도 그렇게 기쁘더라는 거야요.

그래서 이 사람이 살아나 가지고, 환자들에게 가서, 박 주임에게 가서 살아났다고 말했다는 거야요. 그래서 환자들은 박기업 주임을 아주 고마워했다는 거야요.

리헌석 : 김민옥 환자 대표를 살린 박기업 주임은 관세음보살의 화신이었나 보네요. 그 분의 고귀한 뜻을 되살리는 것은 그야말로 소중한 일이 될 것 같습니다. 이제 삼일호 학살에서 살아난 사람, 그리고 이들을 살려준 선장에 대해 상세하게 말씀해 주십시오.

조창원 : 소록도의 식량은 벌교에서 갖다 먹었어요. 벌교에서 콩을 갖다 주면, 환자들은 그 콩으로 메주를 쒀요. 그 메주로 간장을 담가 먹는데, 그 콩을 실어 나르는 배가 삼일호에요.

삼일호에 박순암이라는 환자 대표를 비롯하여 건설대원이 콩을 실러 갔다 말이지요. 건설대원은 소록도에서 쌀도 나르고, 석탄도 찍고, 장작도 만들고, 도로도 보수하고, 하여튼 뭐 소록도 섬의 자질구레한 일들을 거의가 맡고 있는 환자들이에요.

박순암 등은 콩을 배에 싣고 (소록도로) 오는데, 소록도 거의 다 와서, 녹동 가까이 왔을 때, 오마도에서 총을 쏘며 치안대들이 배를 세우더라는 거야요. 치안대들이 배에 올라와서 다짜고짜 환자들을 쏘아 죽이더라는 거야. 그래서 선장이 볼 때에는 다 아는 사람들이니

환자들이 세운 본인 송덕비(경천애인)

까, 왜 그러느냐고 물어 보니, '아, 이놈들은 모두 다 죽여야 한다.'며 무조건 쏴 죽이는 거야요.

그때 박순암씨는 선장한테 찾아가 살려달라고 했고, 선장은 '그래, 그래, 창고에 숨어라!' 그래서 살아났다는 거야요. 나머지 사람들은 왜 죽는지도 모르고 모두 죽었지요. 선장이 몇 사람을 감추어 주었는데, 그래도 찾아내어 죽이고 했다는 거야요. 시체는 바다에 내 던지고 말이야. 그런데, 선장이 바다에 살아 있는 환자들을 건져 기관장실에 숨겨서 살렸다는 거야요.

여기에서 살아난 박순암씨로부터 나는 이 이야기를 다 들었어요.

그때 선장이 죽을 각오를 하고 막 달려들더라는 거야. '이놈 새끼들아! 무슨 일이냐? 얘기라도 하고 사람을 죽여야 하지 않느냐!' 소리쳤다는 거야. 이놈들은 선장에게도 막 대들면서 '이놈들이 지금 막 직원들을 다 죽이려고 하는데, 이놈들을 살려두면 선장 당신네 가족들도 다 죽을 텐데 뭘 그러느냐?'고 대들더라는 거야요.

그래서 이 사람들이 다 쏴 죽이고 바다에 둥둥 뜬 사람들을 보고 배에서 내려갔다는 거야. 간 뒤에 둥둥 떠 있는 사람 중에서도 살아난 사람이 있어요. 이게 누구냐 하면 서영달인데, 서 감독은 총을 자꾸 쏘아내니까, 바다에 뛰어들어 죽은 척했다는 거야.

김창석 선장이 환자를 4명인가 살렸어요. 선장의 걱정은 이들을 소록도로 데려가면, 소록도에서 이들을 죽이지 않을까 생각해서, '자네들, 배를 내가 환자 집에 대지 않고, 섬을 빙 돌며 상황을 보아가며 댈 테니까, 콩은 하역하지 말고, 우선 도망가라!' 이렇게 지시를 했더라는 거야요.

건설대 대장 박순암씨는 거기에서 눈물을 흘리며, '좌우간 우리가 육지에 나가 총을 맞아 죽어도 선장님의 은혜는 잊지 않겠습니다.' 그러더라는 거야요.

김창석 선장은 걱정을 하며 어둠이 내릴 때, 소록도 제비선창에 배를 댔다는 거야요. 환자들은 어둠을 타고 도망을 갔지요. 다행히 그 이튿날 치안대 철수 명령이 내려서 이 양반들이 무사했다는 거야요.

5. 두 직원의 미담 평가(다섯 번째 대담)

리헌석 : 원장님의 말씀을 듣고 보니까, 직원과 환자들의 대립으로 발생한 소록도 대사건 속에서도 인간의 착한 마음이 꽃을 피웠다는 생각이 듭니다. 총구에서도 꽃이 핀다면 좋겠지만, 총구와 멀리 떨어진 사람 중에서 아름다운 미담의 꽃을 피우게 되는가 봅니다. 이런

미담을 말씀하시는 원장님의 가슴 속에도 지금, 아름다운 꽃이 피어 있지 않을까 그런 생각을 해 봅니다.

조창원 : 두 직원들의 미담을 생각할 때 말예요. '그런 일이 있었구나.' 가볍게 생각할 수도 있지만, 그 당시 죽느냐 사느냐 하는 절박한 상황으로 볼 때, 이 두 지휘관의 선행은 참으로 역사에 남길 선행이거든요.

내가 이 두 사람에 대해서 높이 평가하는 것은 말예요. 왜냐하면, 소록도의 직원들과 환자들의 대립이 아니라, 직원 중 오순재와 송씨가, 자기들이 병원의 주도권을 잡아서 원장 역할을 해야겠다는, 즉, 자기들이 소록도 병원에서 한 자리 해야겠다는 이런 욕심이 앞서서 선동하고 그랬다는 거야요. 그렇지 않고서야 일이 그렇게 될 수가 없거든요.

이 대학살 사건이 너무 끔찍하기 때문에, 끔찍한 상황만 널리 알려졌지, 이 두 직원들의 미담은 역사 속에서 다 지워졌더라는 겁니다. 그러나 알려야 할 것은 직원들이 그런 상황 속에서도 환자들을 살리려는 이런 선행이 있었다는 것이고, 이것이 제일 중요하다는 거야요. 왜냐? 한센병은 지금도 차별과 박해가 있는데, 그 당시 누가 자기의 위험을 무릅쓰고 환자들을 살리려고 하겠어요?

이러한 분들을 우리가 국민들에게 알리면서 세종대왕 시대에 '나병 환자들을 어떻게 버릴까요?'라는 각 지방의 장계가 올라 왔을 때, 세종대왕께서는 말이야요, '절대 바다에 버리거나 산에 버리지 말라. 그 양반들을 제주도에 데리고 가서 그 곳에 별도의 수용소를 지어 먹여 주면서 내가 처방하는 약을 써 줄 테니 치료를 해줘라.'라고 지시했어요.

그 이후에 우리가 살아오면서, 세종대왕께서는 선하게 한센 환자들을 대했는데, 후에는 차별하고 박해하며, 살아 왔다 이거야요. 그런

광주MBC 취재단들과 함께

데 다행히도 이제 기쁜 것은, 한센병을 대하는 사회가 조금씩 변했다는 거야요. 지금 몇십 년이 되었으니까, 70년대에 눈뜨기 시작했고, 80년대에는 완전히 한센병에 대해서, 우리가 선진대열에 들어갈 만한 성장을 한 거야요. 그 때문인지는 몰라도, 소록도에서 많은 환자들이 정착지로 나갔습니다. 내가 소록도에 있을 때, 1961년도 62년도에도 내보냈지만, 다시 쫓겨나서 소록도로 다시 들어왔다 이거예요. 심지어는 미감아들이 학교에 가면 학부모들이 모두 쫓아내어 학교를 못 다니고, 다시 소록도로 들어왔다 이거예요.

60년대가 그랬어요. 그런데 80년대가 들어와서 환자들이 한 90% 각 도에 정착을 했어요. 다행히 걱정을 했지만, 물론 크고 작은 마찰은 있었지만, 상당히 국민들에게서 한센병에 대한 이해도가 높아진 것을 알 수 있어요.

또 하나 한센 식구들이 나가서 경제적으로 성공을 한 거야요. 이 양반들이 소록도에 있을 때 마늘 농사 짓고, 닭 키우는 것밖에 모른다 말야요. 자식이 없으니까, 이렇게 동물을 기르며 생활을 했다 이거야요.

그래서 이 양반들이 나가서도 순전히 닭하고 소 같은 것을 키웠어요. 이 양반들이 나가서 다 성공했어요. 이스라엘이 키브스 정착촌 만들어 성공했지만, 우리 나라 한센 환자들이 나가서 정착에 성공한 것은 그 예가 없습니다. 지금은 재벌까지 있어요.

리헌석 : 한센 환자들이 나가서 성공한 것은 축하할 일입니다. 그러나, 이야기가 조금 옆으로 샌 것 같습니다.(웃음) 다시 직원들의 미담과 관련한 말씀을 해주시기 바랍니다.

조창원 : 직원들의 미덕을 말하다, 옆으로 잠깐 샜디요? 직원들의 이러한 미덕은 우리 나라 뿐만 아니라, 세계로 널리 알려져야 한다고 생각합니다. 그래야 한센병을 이해하는데, 상당히 도움이 돼요.

이번에 소록도에 〈애한의 추모비〉가 세워졌어요. 내가 소록도에 자꾸 들러서 얘기를 했어요. 소록도를 그냥 경치 좋은 관광지로 하되, 그 섬에는 한센병과 끊을래야 끊을 수 없는 인연이 있다 말이지요.

그러니까, 선각자들의 비를 다 세워줘야 한다 이거야요. 그래야 찾아오는 국민들이 그 비를 하나하나 보면서 반성하게 되고, 한센병에 대해 이해를 하게 된다 이거야요.

이 사업은 자금이 있어야 되는데, 소록도에서 환자 대표로 있는 강대시씨, 이 양반이 형편 없는 재정 속에서, 중심이 되어, 그 한센 식구들 중에서 성공한 문성민 장로님이라든가, 애한의 추모비가 어마어마한데, 이 분이 추모비 건립 기금을 전담했어요. 나는 고문으로

소록도 직원과 함께

있었지만, 말로만 고문이지 도운 것은 별로 없고, 한센협회 신씨도 추모비를 세우는데 공로가 커서 이 세분의 공이 으뜸이지요.

내 욕심에는 그 비를 준공할 때, 그 김창석 선장님하고, 박주임의 미담을 비에 새겨 남겨 놓았으면, 더 한층 비에 대한 의미가 빛나지 않았을까 생각을 했습니다. 그래서 앞으로도 내가 그 분들하고 의논을 해서, 그 분들이 동의를 하면, 김창석 선장과 박 주임은 꼭 애한의 추모비 옆에 작게라도 기록을 남기고 싶어요. 그래야 의미가 더 좋아진다고 생각을 해요.

또 동시에, 소록도에는 여러 기관이 있습니다. 소록도를 사랑하는 사람들, 한센협회에도 말해서, 앞으로 고인이 된 김창석 선장의 가족, 박 주임도 고인이 되었으니 그 가족이라도 표창을 하자고 주장할

강대시 원생대표

거야요. 표창을 해서, 선행에 대한 감사의 예를 표시하는 것이 중요하다 이거야요. 이런 선행을 우리 나라 사람들에게 알려서 좋은 사회를 만들어야 된다 이거야요.

선행을 한 사람을 내버려두니까, 선행에 대한 고귀한 것이 무엇인지를 모른다 이거야요. 선행이 무슨 종교가들만 하는 것으로 안다 이거야요. 이 사람들, 김창석 선장, 박 주임이 한 선행이 종교가보다 못한 게 뭐 있습니까?

그리고 부탁할 것은 한센병에 대한 병명을 이제 좀 바꾸어야 하겠다 이겁니다. '문둥이병'이 우리 나라 이름이고, '나병'이 일본 이름이고, '한센씨병'은 미국의 이름입니다. 1960년대 미국에서 대학생 한 사람이 이 병에 걸려 요양소에 갔는데, 퇴원하고 나서, '리포로시'라는 이름을 제발 사용하지 말고, 그 균을 발견한 '한센'씨가 있으니, 그 이름을 따서 '한센병'이라고 하자고 그랬어요.

그래서 지금은 '한센병'이라고 하는데, 우리 한센 사회에서는 '문둥이'라고 하면 쌍스럽게 생각하고, '나병'이라고 하면 조금 대접하는 것으로 알고, '한센병'이라고 하면 아주 대접하는 것으로 알아요.

그러나, 나는 '척추피부병'이라 부르고, 환자들도 그렇게 부르라고 주장해요. 당신네들까지도 '한센'이라고 하는 것은 안 좋다고 말한다 이거야요. 내가 가장 강력하게 주장하는 것은 이거야요. 이제는 '한센'도 아니다. 이제는 결핵보다도 훨씬 더 잘 낫는데, 왜 그렇게 부르냐 이거야요. '척추피부병'이나, '특수 피부환자'라고 하자 말이야요.

더구나 병이 나은 사람은 이제 환자가 아니라 이거야요. 아직도 차별과 편견의 벽이 높아서 그렇지만 '미감아'라는 말도 쓰지 말자 이거야요. 미감아는 그 환자들 아이들만 아니라, 우리 모두 미감아라는 말이지요.

차별의 벽이 가장 높은 곳은 자식의 결혼이야요. 자식들을 미감아라고 하는데, 모두 못된 생각에서 나온 거라요.

이제 2000년대 아닙니까? 혼인에 대해서도 이제 걱정하지 말아요. 대학교수, 의사도 있어요. 이 분들과 인연을 맺게 되면 옛날부터 내려오는 잠재의식을 버리고, 같이 살아야, 같이 노력해야 합니다.

나는 보통 의사인데, 어쩌다 보니, 그림과 글에 취미가 있다 보니까, 글쓰는 사람, 시쓰는 사람, 그러면서 문인들 말단에 이름을 하나 올려 가지고 있습니다. 부족한 점이 많을 것입니다. 내 시집하고 그림하고 소록도 선각자, 선행의 주인공들의 비를 세우는데, 이바지했으면 좋겠습니다.

리헌석 : 원장님은 보통 의사가 아니고, 아주 특별한 의사라는 생

각이 들고요, 이제 확신을 갖게 되었습니다. 한센병을 치료하던 의사로서, 미감아(죄송)들과의 결혼까지 권하는 원장님을 보면서, 다시금 존경하게 되었습니다. 이제 차차 마무리, 정리를 하시기 바랍니다.

조창원 : 지금 소록도는, 내가 있을 때 5,000여 명이던 환자가 7~800여 명 정도 있습니다. 소록도에 가 보세요. 소록도의 직원들이 어찌나 환자들에게 친절한지 놀랐어요. 내가 있을 때는 간호사가 환자들에게 갈 때는 장화를 신고, 장갑을 끼고, 마스크를 하고 내려갔는데, 요즘은 환자들과 생활하는 것을 보라 말이에요. 얼마나 친절하고 친구 같은지. 이제는 내가 원장으로 있었을 때하고는 완전히 다른 세계가 되었어요.

직원들의 희생정신, 김창석 선장이나 박 주임 같은 분들의 정신이 그대로 살아 남아 이렇게 변했다고 생각합니다. 그 말씀을 강조하면서 선행의 주인공을 기리는 행사와 사업이 진행되기를 간절하게 소망합니다.

리헌석 : 장시간 수고 많으셨습니다. 조원장님께서 하신 말씀은 그 말씀으로만 남아 있지 않고, 향기가 되어서 널리 퍼질 것입니다. 선행의 미담을 찾아내어 표창하고, 그 분들의 숭고한 희생정신을 기리는 사업으로 열매 맺으리라 믿습니다. 앞으로 건강에 유념하시어서, 그런 사업을 이루시기 바랍니다. 감사합니다.

조창원 : 수고했어요. 우리 평안도 식으로 인사를 하면, 수고했습네다. 감사합네다, 그래야 하는기라요. 그렇디 않습네까?(웃음)

정말 수고하셨고, 감사드립니다.

* 일부는 평안도 사투리로 된 부분을 그냥 둔 곳도 있고, 중간에는 '디'를 '지'로 바꾸어 표준말이 되게 한 곳도 있습니다. 구분이 잘 되지 않는 부분이었고, 독자들을 배려한 기록이기도 합니다. 양해를 구하며 맺습니다.

2부

애헌의 추모비, 소록도 하늘에 띄우는 노래

소원

푸른 하늘에 찬란하게 빛나는
저 태양빛은
흰 명주옷에 듬뿍 싸 가지고
깊은 수갱 속
검은 영혼들에게 보내 드리고
흰 목련꽃잎에
한의 세월 눈물 담아
검은 대지에 쏟아지는
철암 미인폭포에
영원히 띄워 보내고 싶어라

哀恨의 追慕碑 · 1

역사의 희생자들이여
무엇을 생각하며
무엇을 부르짖으며 죽어갔는가
이제
외치던 그들은
아무것도 存在하지 않는다
다만
피에 물들은
哀恨의 追慕碑를
그것을 읽는 오늘의 우리만이
이렇게 存在하고 있다
오가는 사람들이여
오늘도 눈비 맞으며
수백의 넋의 恨靈의 붉은 파도가
中央里 백사장에 흐느끼고 있다
다함께 합장하여
명복을 빌어라
이들이 남기고 간
슬픔의 발자국을
다시는
되풀이하지 않기 위해서

哀恨의 追慕碑 · 2

恨靈의 피의 파도여
돛대도 아니 달고
떠나는 배여
누가 너희들과 같이
항해하고 있는가
哀恨의 잿빛 구름이여
恨의 날개를 달고
누가 너희들과 같이
여행하고 있는가
人間의 意味
歷史의 意味
그 죽음의 意味를 품고
九泉을 떠돌고 있는가
英靈이시어
당신들이
이 역사 속에
어떻게 죽어갔는가를
追慕碑에
타오르는 荒靈의 향불이
천사의 나래를 달고
後世人에게 눈물로 전하리라

中央里 앞바다 · 1

歷史의 상처에
피에 젖은
융단
白沙場에 깔고
번개가 하늘을 가르고
천둥이 땅에 꽂혀도

그때 그 자리에 그렇게 앉아
물때 따라 찾아드는
荒靈의 푸른 파도에
살풀이춤으로 진혼하는 바위
비극의 향불에
검게 화상 입은 해송이
잘리고 짓밟혀도
알몸으로
새싹으로 다시 돋아
中央里 앞바다의
파란 恨魂의 파도 위에
노란 松분을 뿌려
진혼한다

中央里 앞바다 · 2

哀恨의 붉은 파도
中央里 앞바다에 울고
荒靈의 이끼 낀 붉은 바위
그 자리에 그렇게 앉아
이름도 遺言도
남기지 못하고 간
슬픔의 길 자국만
지키고 있다
총성이냐
죽음의 아우성만 남긴
무명전사(無名戰士)의 묘지 백사장엔
발가벗고 맨살로 서 있는
해송만이 알고 있는 비극의 역사
오늘도 해송은
서로 손잡고 병풍이 되어
中央里 앞바다에 몰려오는
荒魂의 해풍에 哀恨의 수심가를
소록도 하늘에 띄운다

中央里 앞바다 · 3

中央里 앞바다의
늙은 해송은
알몸으로 발가벗고

장송가의 노란 송분을
소록도의 하늘에
뿌린다
물때 따라
들려오는 조종 소리는
恨怨의 푸른 파도를 타고
荒靈의 백사장에
하얀 물거품으로
부서지고
갈매기 떼지어
목화구름에 태우는
향불은
꺼져 가는 노을 하늘에
붉게 타오르며
아! 하늘이, 땅이여!
절규한다

소록도 연가

피로 그린 캔버스에
그대의 영혼이
몽롱한 달빛처럼
희미해진다면
그 초상화가
지워지는 날
내 그대를 잊으리라
청산에 슬피 우는 소쩍새의
푸른 산울림이여
은빛 추억이 사라진다 해도
슬퍼하지 마라
번뇌 속에 가라앉는
주옥 같은 명상이
황금빛 향기로 태어나
찬란한 영광의 빛으로
다시 살아 숨쉬게 하리

황혼의 sonata · 5

族譜에서 잘라버린 가지
주워다 소록도 산마루에
꽂아 놓고
죽지 못해 사는 荒魂
光年에 인생을 띄워 놓고
抄間에서 살아간다
문패도 번지수도 없는
유적지
작은 사슴 섬의 밤하늘엔
임자 없는 별들의 elegie가
은하 속으로 사라지고
성좌 속에 얼굴 내민
초생달이 불러주는
황혼의 sonata
비틀거리며
걸어온 망망대로는
자국마다 피눈물
창공에 반짝이는 별들은
길고도 먼 길을
빛으로 안내하며
천사들이 기다리는

에덴동산으로 가라 하네
신과 영혼 사이에
태어난 민들레
찢기고 짓밟혀도
꽃에 나래를 달고
파란 하늘 유영하며 불러주는
황혼의 sonata

황혼의 sonata · 6

문명이 거추장스러워
아무 치장도 하지 않고
그 자리에
그렇게 서서
힘겨운 낙화에
인생을 노래하는
늙은 매화나무의
황혼의 sonata
새로운 꽃향기가
새 바람을 몰아와도
홀로 가야 할
멀고도 긴 길에
매화 꽃잎 깔아 놓고
남긴 자국 덮어가며
노래하는 인생의 황혼
이미 미래는 없다
신과 영혼이 머물다 간
무서운 고요의 바람에
힘겹게 떨어지는
마지막 꽃잎은
이름도 주소도 없는

가짜 인생의
황혼의 sonata

혼자 불러보는 노래 · 3

만나는 세상이
왜
이리 어지럽고 답답한가
사람이 만든
과학의 신비가
사람을
노예로 만들고
부모로부터 받은 고유의 육신은
성형수술로 造花되어
사람의 향기를
잃어 버렸다
人間의 意味를 버린 사나이가
자지를 잘라
계집으로 변하고
복제 사나이와 사랑에 빠져
시험관 아기를 낳아 기른다

도덕과 윤리는
검은 상복을 입고
콤피유타레미공 상자 속으로 들어가고
진보다 보수다 검은 파도는

나라의 돌풍으로 변하고
초가집
토담의 無窮花는 쓰러져
종적을 감추어 둔
애국 영혼들의 나래를 부른다

허공 속에 魂으로 쓰는 遺言 · 1

손과 발이
포승줄에 묶여
中央里 백사장에 끌려와
무릎 꿇고
총살의 순서를 기다립니다
지금 시간은
22일 오전 11시 45분
이 마지막 순간에
통절히 생각하는 것은
당신뿐입니다.
사랑해요
지난날의 잘못을 용서하세요
나는 극히
담담하게 죽을 것입니다
내 인생은 이미
天罰받고
소록도에 유배되었는데
또다시
총살의 벌을 받으리라고는
생각을 하지 못했습니다
아마

권능하신 하나님께서는
나를 예정보다 빨리
불러들이는 모양입니다
내 차례가 왔습니다
죽는 순간 꼭
당신을 사랑한다고 외치며
미소지으며 떠날 겁니다
안녕, 사랑해요

* 1945. 8. 22. 중앙리 앞바다에서 총살당한 박동식

허공 속에 魂으로 쓰는 遺言 · 2

거룩한 하나님의 부르심은
참으로 훌륭한 것입니다
나는 천국에 갈 것입니다
그것이
罰이지 않겠습니까
왜 죽어야 하는지
무슨 죄로 총살을 당해야 하는지
아무것도 모른 채
묶여온 순서대로 총살 당합니다
나는 혼자입니다
나에 관한 좋은 추억을 간직해 달라고
遺言을 남길 데도 없습니다
그저 폭력 앞에
머리를 숙일 뿐입니다
나는 지금 모래 구덩이 앞에 섰습니다
나는 찬송가를 부르며 떠나갑니다
"날빛보다 더
밝은 세상
믿는 맘
가지고 가겠네."

* 1945. 8. 22. 中央里 앞바다에서 총살당한 양태복

허공 속에 魂으로 쓰는 遺言 · 3

하나님의 뜻으로 주관하여 주옵소서
나는 지금 곧
영원한 여정에 오를 것입니다
나는 용기 있는 인간으로서
죽을 것입니다
남아 있는 원생들은
나를 자랑으로 생각할 수 있을 것입니다
전능하신 주님은
내가 바로
천국에 갈 확신을
심어 주심으로써
많은 은총을 나에게
주시는 것 같습니다
천국에서
나는 하나님을 보면서
영원한 행복을 얻을 것입니다
나를 불쌍히 여기지 말아 주세요
사랑하는
원생 여러분
기도하실 적에
저를 잊지 말아 주십시오

나는 찬송가를 부르며 갑니다

"예수 나를 오라 하네
예수 나를 오라 하네."

* 1945. 8. 22. 中央里 앞바다에서 총살당한 박창일

허공 속에 魂으로 쓰는 遺言 · 4

나는 지금 꿈을 꾸고 있습니다
하늘의 한 조각이 떨어져 나와
피를 뿌리며 달려나와서
두 사람씩 묶어
모래 구덩이에 세워 놓고
무조건 마구 쏴 죽이고 있습니다
살려달라고 애원하는 사람도 없고
대담하게
찬송가를 부르는 사람
하나님께 기도하는 사람뿐입니다
나도
만족스럽게 죽을 겁니다
세상에 못된 사람들을 위해서
내가 대신해서 죽게 됐으니까요
나는 아는 것이 없어
종교도 없습니다
우리 나라가 독립이 되었으니까
처음 보는 태극기를 바라보며
우리 나라 만세를 부르며 갑니다
하지만 살아 보고 싶습니다

* 1945. 8. 22. 中央里 앞바다에서 총살당한 유병철

새로 태어나고 싶다

몇 알의 곡식만으로 행복을 찾고
몇 방울의 물로 恨을 씻고
하늘과 땅에서
자유를 즐기며
높이 날다 힘에 부치면
동구밖 당산나무 꼭대기에 앉아
恨과 怨의 노래 부르며
멋진 자세로
우아하게
날아 볼 것만을 생각하는
새가 되고 싶다

흘러간 세월 속에 서러움의 향기가
가슴 언저리에서
부서지는 거친 파도가 되어도
세상머리 위에서
유유자작 날아
저 하늘에 높이 떠 있는
모든 박해로부터의 자유로움이
얼마나 큰 즐거움인가를
보여주고 싶다

설중매

소한(小寒)의 아늑함이
토담의 설중매 가지에 사뿐히
내려앉으면
인내인지 안개인지
구별할 수 없는
총각 처녀들의 밀어가
살며시 꽃봉오리의 속살을 밀어내며
하얀 향연을 펼친다
입춘(立春)의 온화(溫和)한 봄바람이
포근한 웃음으로
속옷을 벗기면
한 박힌 분노가
향기로 평화(平和)를 불러
마음과 눈의 노래로
소록도
荒靈의 파도를 잠재운다

이종기 씨의 遺言

나 혼자 살려고 여러분 몰래 섬을 탈출한 것이 아닙니다

석천 의사님이 급히 달려와 나와 자기를 총살시키려고 하니, 빨리 이 자리를 피하자고 하길래 무슨 영문인지도 모르고 섬을 탈출해서 고향인 장흥으로 도피했습니다마는 집에 들어갈 수가 없어 근처 산에 숨어 있다가 소록도 사정이 궁금하길래 사람을 보내어 실정을 알아 볼 겸 내 짐도 추려 가지고 오려고 인편을 보냈습니다. 이것이 화근이 되어 직원이 뒤쫓아와서 붙잡혀 소록도 미하리소에 구금되었지요

직원이 살려줄 터이니 신생리 부둣가로 가자고 끌고 가길래 가 보니 장작더미에 송탄유를 뿌려 놓고 10여 명의 직원이 총을 쥐고 서 있더군요 직원이 날 보고 시계를 달라고 하기에 주었습니다 주고나니 나무 기둥에 묶어 놓고 직원들이 욕을 퍼 부으며 불을 질렀습니다. 나는 찬송가를 부르며 주님께 이들을 불쌍히 여기시고 용서해 달라고 기도드리며 죽어갑니다.

원생 여러분 저는 갑니다마는 우리들의 소원은 달성될 것입니다 심은대로 거두는 진리를 잊지 마시오 여러분 나를 위해 기도해 주십시오

* 1945. 8. 27. 신생리 부두에서

김민옥 씨의 遺言

— 박기업 씨에게

하나님 살려주십시오 나는 살고 싶습니다 지금 도망쳐서 십자봉 숯 굽는 가마 속에 숨어 있습니다. 하나님 어떻게 하면 좋을지 인도해 주소서

기도 속에서 깨어 보니 구북리 부락 박기업 주임 집이었습니다 난처해진 박 주임이 '이 사람아 우리 어찌 하라고 그래 나는 배반자로 몰려 총살 당해도 그것뿐이지만 우리 가족들은 다 어찌 되는지 알아?' 박 주임님 살려 주세요 난 잘못한 일이 없습니다 박 주임님이 잘 아시다시피 난 하느님만 믿고 착하게 살아왔습니다 제발 살려 주세요 '이 사람아 자네가 우리 집으로 오는 것을 다른 직원이 보지 않았나, 그렇다면 이리 오게 이 곳간에 꼼짝말고 숨어 있게' 물과 밥을 갖다 주면서 바깥 사정도 알려주며 2일 밤을 숨겨 주고 나선 '지금 총살령이 해제되고 치안대들이 복귀하게 되었으니 어두워지면 딴 사람이 보지 못하게 산으로 도망가게 그리고 내가 자네를 우리집에 숨겨 주어 살려준 사실이 소문이 나면 난 배반자로 몰리고 이 섬에서 쫓겨나게 될 터이니 아무에게도 일생 동안 비밀을 지켜 주어야 하네 나 자네만 믿네.' 하며 살려주셨습니다.

그러나 이 태산 같은 은혜를 비밀로 하여야 되기 때문에 하나님께 그저 기도로 감사를 드릴 뿐입니다 박 주임님 나 박 주임님을 위해서 섬을 떠나 나주로 갈 겁니다 아무래도 내가 섬에 남아 있으면 박 주임님이 편치 않을 것 같아서 떠납니다 우리 천당에서 꼭 만납시다 하나님께 기도 드립니다

박수남 씨의 遺言

— 김창석, 박춘길 선장님께

당신은 나보다 먼저 이 세상을 떠났습니다 아마 꼭 천당에 계실 거라 믿습니다 나와 서영달을 살려준 은혜를 어찌 잊겠습니까

선장님이 돌아가셨다는 말을 듣고 찾아 뵙지 못하였습니다 환자이기 때문이지만 선장님께서 절대로 살려주었다는 소문을 내면 우리들도 배반자로 몰려 섬에서 쫓겨나게 되니 서로 아는 사이 같이 인사도 하지 말자고 약속했기 때문입니다 같이 소록도에 있으면서 자주 만났지만 모르는 척하기가 대단히 힘들었습니다

선장님께서는 자기 자식에게도 일절 말을 하지 않았기에 선장님이 돌아가신 후 감사의 말을 했습니다만 그때 그 사건에 대해서 모르고 있었습니다 나는 얼마나 감사한지 그저 하느님께 기도를 드렸을 뿐입니다 선장님 꼭 천당에서 만납시다 그때 입은 은혜 꼭 갚겠습니다

소록도의 봄

바람도 구름도 비켜가는
天刑의 작은 사슴섬
차별과 편견의 철조망으로
사계절을 불태우는 노래가
동박새를 불러모아
靑天을 飛上한다

한겨울 추위에
상처 받은 어린 잎새들 숨죽이고
겨우 목숨만 부지하고 있다가
소한과 입춘의 포근한 미소에
수줍은 듯 속옷을 벗는다

봄 향기로 동백꽃 향연이
토담 속에 가득해도
찾아오는 사람 없어
혼자 피고 져도
아무런 불평 불만이 없구나
해뜨는 아침이면 이슬 매달아
찬란한 희망의 노래로
소록도의 봄을 찬미한다

검은 영혼의 遺恨 · 1

원장님
나
더 더 말고요
3개월 간만 좀
더 살게 해 주세요
애 놈이
장가를 간데여
나는
가 볼 수 없지 않습니까
집사람이
결혼 사진을 박아오면
꼭
보고 죽고 싶어서 그래여
아! 병상에 흐르는 비애의 노래
새파랗게 피로 멍든
떨리는 입술의
魂의 소리
실같이 가느다란
비탄의 한숨
흰 고드름 같이 찬 손가락 붙잡고
약속하는 거짓의 눈물

검은 영혼의 遺恨 · 2

은은히 들려오는 성당의 종소리는
靑山에 울고
성모상에 매달린
흰나비의
애조띤 피끓은 살풀이춤은
병상의 흐느낌
성모마리아여
루루두의 기적을
애원했던 7년 간의 기도는
이별의 피눈물이 되어
하루하루 새로워지는
비애 속에 흐르고
나의 삶은 한낱
백일몽이 되었지만
꺼져가는 노을
성당의 종소리에
두손 모아
성모님의
사랑을 불러 봅니다

검은 영혼의 遺恨 · 3

쌍소리와 욕지거리로 장터로 변한 病室
수간호사가 달려온다
원장님
중환자실 박ㅇㅇ씨의 부인인데요
위독하다고 여러 번 연락을 보냈는데도
오지 않아서
돌아가셨으니
연금을 가져가라고 연락했더니
금방 달려왔네요
그런데
애를 배 가지고 왔네요
그래서
환자들이 배신자 죽여 버리라고
야단입니더
원장님 저 여자는 아무 죄 없어요
어린 자식 세 명 데리고
후업 급여 월 6만 원을 가지곤 살 수가 없어
다방에 가정부 겸 마담으로 일한데요
한데
주인집에 자식이 없다고
씨받이를 해주면

한 재산 준다고 약조를 했대요
더… 말을 잇지 못하고 쓰러져 흐느끼는 간호사
격분했던 환자들
아, 세상이 이럴 수가 있나
우리가 잘못했어 몰랐어
눈물이 바다
아! 세상이
왜 이리 답답하고 어지럽기만한가
기쁨이란 地上의 순간적인 것이겠지만
비애와 비통만은
가난한 민초에게
하루하루 새로운 눈물이네

혼자 불러보는 노래

바람은 바람
새는 새
꽃은 꽃
이것
모두가 풋사랑의 불꽃 놀이

매미는
七年 간 땅 속
恨의 옷을 찢고 올라와
덧없는 세상의 강물 위
종이배 띄워 놓고
농염한 젖은 노래로
20일의 연가 속에서
놀다 간다

하루살이는
지순한 바람에
영롱하게 떨고 있는
아침이슬에 화장하고
춤바람 흥에 겨워
하루를 살고 간다

그러나
세상의 궤도가
거꾸로 돌아가도
희망의 새아침은
동쪽에서 떠오르고
하루의 고난의 역사는
서쪽 노을 속으로 사라진다

소록도의 봄노래

살을 에는 차별의 상처가
깊어가고
편견의 칼바람이
뼈를 깎아도
荒魂의
애조띤 파도가
哀恨의 작은 사슴섬에
봄의 향기를 뿌리면
恨의 世風에
한평생 살다간
문신 찍힌 영혼들이
허무와 고독 속에 겹겹이 쌓여
절망에 빠졌다가
이 봄에 피어난 동백꽃을 보고
선홍빛 뒤에
어두운 과거가 숨어 있음을
동박새가 잔을 마시며
고독의 늪 속
소록도의 정적을 깨운다

동백

봄기운 가득한 해풍이
동백나무가 지천인
天刑의 땅 소록도에
파도 타고 몰려오면
아침을 준비하는 동박새의
부산한 지저귐이
선홍빛 속살의
옷고름을 벗긴다

수줍은 자태로
붉은 향연을 펼치는
고결한 홍동백
지난날의 고난과 곤경을
미소로 지우고
피고 지고 또 피고 지고
동박새 떼지어 노래해도
스쳐가는 이방인에게
千年 限 이방인에게
뚝뚝 지는 소록도의 동백

아! 소록도의 종이 울린다

솟아오르는 恨의 한숨은
사계절 내내 한결같이
애조띤 파도를 타고
피끓는 노래로
사라져간 행복을 슬퍼한다

바람은 쓸쓸함을 흔들고
바위보다 단단한 고독이
미소가 되고
붉은 태양이
참회의 눈물이 되어
뜨겁게 타올라도

한세상 흘러간
지치고 곤경에 처한 영혼에겐
왜 이다지도 차갑게만 느껴지는가

荒靈 파도에 인생을 맡기고
슬픈 세월과 싸우다 간
영혼들의 갈증의 파도가
처량한 울음 소리로

안개 속에 들려오는
아! 소록도의 종이 울린다

소록도 민들레

황톳길에 세상을 세워 놓고
소발에 짓밟히고
달구지 바퀴에 깔려도
하늘이 햇살을 거두어
내일을 키운다
밤이 오면 반짝이는
별빛을 주워 모아
水晶 같은 이슬에
恨의 상처를 씻고
꽃을 불러 열매에
눈물의 날개를 단다
가진 것은 hansen의 이름뿐
그러나
신이 주신 선물 사랑 하나로
녹색 평화의 노래가
푸른 하늘 유영하는 구름 타고
둥실 둥실 不受精의 씨앗이
허공을 난다

달맞이꽃

몽롱한 달빛이
냇가에 사뿐히 내려앉으면
서로의 체온을 비벼대며
무리지어 노래 부르는
달맞이꽃
하얀 세상의 번뇌가
비통하게
詩語 속에 유영해도
마음과 눈으로 노래하며
향기로 말해주는 달맞이꽃
그러나 怨 맺힌 恨의 섬
소록도의 달맞이꽃은
편견과 차별의 독칼에
自由와 인권을 빼앗기고
황량한 사막에
허무한 고독과 마주앉아
밤에만 피는 恨의 달맞이꽃
보리꽃은 사람을 위해 피고
안온한 세상에
춤추는 청산 나비는
삶의 한 자락을 추억케 하건만

hansen 가족에겐 그 모두가
몽환적 풍경화가 되어 썰물 파도를 타고
망각 속으로 가라앉는다

소록도 승무

나풀나풀
꼬리에 꼬리를 물고
이어지는 선의 환상이
이승 저승을 날고 있다

언뜻언뜻
내비치는 속옷의 美學은
상처받은 인생의
슬픔을 흔드는 풀 바람소리

너풀너풀
겨드랑이 속살의 미소는
무서운 고요가
달과 함께 춤추는 갈대의 흔들림

언뜻언뜻
추스리고 물러설 듯 내딛는
감정의 기복은
숨겨진 율동의 파장이
꿈꾸는 영혼의 심금을 건드린다

애한의 추모비에 바치는 노래

황혼의 세찬 칼바람에
소록도 백사장의 적송숲이 울고 있다
세파에 긁히고 할퀸 영혼
슬픔과 좌절의 나날을
벌거벗은 앙상한 가지가
서로 비벼대며
한의 역사를 뿌리에 깊이 간직하고
아무 일도 없는 듯 평온하게
그때 그 자리에
양광 흰 줄기에
우뚝 서 있다.
숲 너머 푸른 파도가 일어서서
황영 84인의 죽어간 내력을
하얀 파도가 되어 쏟아 부어도
적송은 그 쓸쓸함을
솔잎으로 날리며
지하에 묻힌 영혼들의 혼을
뿌리가 감사 위로하고
유언 한 마디 남기지 못한
원한을 해풍에 물어 본다

3부

소록도 학살 사건, 하늘이여, 땅이여!

■ **자료 1 〈애한의 추모비〉**

1. 건립 배경
· 1945년 8월 억울하게 땅에 묻힌 84인을 추모하고
· 그 날의 희생이 헛되지 않았음을 후세에 전하여
· 한센병력자들의 인권 침해 요인을 제거하고
· 인권 회복의 계기를 마련하기 위함

2. 행사 개요
· 일시 : 2002. 8. 22(목) 오전 11:30
· 장소 : 국립소록도병원 (앞) 추모비 건립 현장
· 참석범위 : 84인 추모비 건립추진위원회 고문, 위원 및 소록도 주민, 후원단체 등 200여 명

3. 84인 추모비 건립추진위원회(무순)
· 고　　문 : 병원장, 신광현, 정상권, 조창원, 김신곤, 천우열
· 공동위원장 : 강대시, 문석민
· 위　　원 : 오종화, 박명웅, 박우택, 정경욱, 서성원, 선진순, 김희겸, 배영수, 김찬세, 최인성, 이기호, 김진기, 김인수, 김주봉, 정원경, 김현수, 지재운, 김진국, 김정명, 허　돈, 김덕모, 정　학, 강창석, 박승주, 이용하, 정태만, 이준도, 이무남, 김기상, 정상락, 홍종문, 안병우, 신용만, 박정수, 김세일, 남효선, 전종성, 이명철, 오형종, 김병연, 이창섭, 김경술

· 간　　사 : 이진교, 유진상
· 회　　계 : 김명호, 이성우

4. 비문 낭독

57년 동안 땅속에 묻혀지고 소록도 사람들의 뇌리에서 사라져 가는 이 비극적인 학살 현장에서 84명의 거룩한 이름을 밝히며, 역사의 흐름 앞에 싸웠노라, 죽었노라, 그러나 이겼노라. 하는 이 기념비를 세워, 전날의 과오를 반성케 하고 앞날에는 하나님이 주신 인간의 존엄성과 평등성을 최우선 과제로 삼기를 다짐하는 증표의 기념비가 될 것을 믿어 의심치 않으며, 이제 이후로는 인간적인 차별이나 정치관리적인 불이익이나 종교적 분쟁과 갈등으로 인한 인권 침해는 이 땅 위에서 영원히 사라지기를 소망하는 마음으로 84명의 추모 기념비를 우리들의 힘과 정성을 모아 여기에 이 추모비를 건립하게 되었노라.

때는 1945년 8월 22일

5. 소록도 원생 84인 희생자 명단

(서기 1945. 8. 21~22 사건)

박동식 곽수철 강윤현 장창환 유철수 박창일 유정원민 어인우
배칠성 전옥출 정정오 송홍숙 옥산청일 박재화 백우용 설인호
김칠수 양해봉 이동구 강윤동 김명술 김금녕 김수학 이치문
이인손 정수철 신만현 한영준 노양춘 이형록 김준배 김종일
김경락 정수환 김원식 이경도 이재하 박명기 박홍주 김종두
김갑진 박승재 유철주 김태익 이만석 류우순 조인수 윤사용
정범용 강해인 이기출 김량주 정상연 김억두 김만동 김우상
김천석 김동철 나성열 황달출 이암본 김화섭 전판동 주용수

현민종 박종호 김봉호 이종체 박창규 류원민 김창식 이무생
이차경 박장수 박두표 최병대 김정봉 김부욱 배정민 송인범
장명한 강암우 곽말연 유별철

■ 자료 [2] 소록도 대학살 사건의 전모

하늘이여, 땅이여!

"네가 무엇을 하였느냐 네 아우의 핏소리가 땅에서부터 내게 호소하느니라"(창 4 : 10)

1. 머리말

인류 역사가 시작된 지구상에는 달갑지 않은 한센씨병(나병)의 역사도 짧지는 않았다고 볼 때 어쩐지 마음이 우울하기만 하다. 그 역사 속에 병들었다는 그것 때문에 형용할 수 없는 참극과 비극들이 벌어졌다고 사료되기 때문이다.

이 나라에 있어서도 8·15 해방 직후에 있었던 소록도 대학살 만행 같은 비절통절한 사건은 세상에 그리 흔한 사건이 아니다. 이유야 어찌 되었든지, 다 같은 사람으로서 어떻게 그러한 만행으로 천하보다 귀한 생명을 무참히 살상할 수 있었으며, 누구에게나 한결같은 인권을 그렇게 짓밟을 수가 있단 말인가?

사람들 중에는 흔히 나환자에 대한 인권을 논하는 사람을 볼 수 있다. 그러나 소록도 대학살 사건을 모르면 나환자의 인권을 논할 자격이 없다고 나는 말하고 싶다. 천인이 공노할 대학살 만행으로 84명이 무참히 억울하게 죽어간 사실도 모르면 어떻게 나환자의 인권이 어쩌니 저쩌니 할 수 있단 말인가?

그러므로 나는 해방 직후에 있었던 소록도 대학살만행의 전모를 여기에 밝히고자 한다.

"40년 전 일인데 지금 와서 무엇이 그리 좋은 일이라고……." 하고 눈살을 찌푸릴 사람도 있을 줄 안다. 그러나 완치가 되고 있는 오늘날에도 아직도 유무식 간에 적지 않은 사람들이 한센씨병의 치유되기 전의 흉칙한 형용들을 흉내내면서 한센씨 병자들을 전염시 경멸시 하고 있는 사람이 적지 않기 때문이다.

그러므로 우리는 이러한 과거지사를 돌이켜 봄으로 건병(健病) 간에 다같이 반성할 것은 반성하고, 이해할 것은 이해해서 보다 나은 삶과 명랑하고 밝은 사회를 건설해야 하기 때문이다.

2. 해방의 기쁨을 가슴에 안고

1945년 8월 15일 정오를 기해서 일본 유인천황은 연합군에게 무조건 항복을 선언하고 말았다. 이로 인해 대한민국은 36년 간의 지긋지긋한 일제의 탄압에서 해방이 되었다. 그때의 4천만 겨레의 기쁨이야 어디다 비기랴. 그런데 전라남도 남단에 있는 소록도 갱생원에서는 8월 17일에 가서야 이 사실을 알게 되었다. 그것은 때마침 태풍으로 넘어진 전주를 보수하지 않았기 때문이다.

외부 소식이 끊긴 채 8월 16일까지도 일부는 벌교로 장콩을 가지러 가고 한편으로는 부락대항 낚시대회가 열리기도 했던 것이다.

그날 하루 해가 다 지나가는 늦은 시간에 재원자 전원은 공회당으로 집합하라는 통고가 있었다. 원생들은 모두 무슨 일인가 궁금히 생각하면서 공회당에 모였다. 일인인 서귀 원장은 눈물 섞인 어조로 대동아전쟁은 종전이 되었으므로 일본인들은 본국으로 돌아가게 되었다고 한다. 일본 천황이 항복했다는 서귀 원장의 말을 듣는 순간 원생들은 모두 해방의 벅찬 가슴으로 긴장되었던 맘들이 풀어지면서 금세 장내가 술렁이기 시작했다.

일인 직원들이 물러가고 일제의 탄압에서 해방이 된다고 하면 삼천리 강토에 살고 있는 4천만 한민족의 독립과 함께 재원자들도 자치제도가 실시되어야 할 것이라고 모두들 생각을 하게 되었기 때문이다.

해방의 기쁨을 가슴에 안고 이제야 우리에게도 자유가 왔다고, 일인들의 탄압의 손아귀에서 해방이 되었다고 모두들 기뻐 어쩔 줄을 몰랐다. 과연 해방은 꽁꽁 얼어붙었던 마음을 녹여 놓았고, 쇠사슬에 얽매여 있던 몸들을 풀어 놓았다.

원생들 중에는 그립고 그립던 가족들을 만나기 위해서 자유의 물결을 타고 직원지대를 지나 녹동으로 배를 타고 건너가는 사람도 많이 있었으니 말이다.(전에는 감히 한 발자국도 들여놓지 못하던 곳이다).

그런가 하면, 압제에 시달리던 많은 사람들은 해방이 되었다고 군데군데 둘러서서 독립만세를 하고 이제는 우리들 손으로 요양 본위의 새살림을 꾸려 보자고 부푼 꿈에 사로잡혀 있기도 했다. 생각하면 그렇게 작업장으로 나오라고 기세를 올리던 강제노동도 없어지고, 호랑이만큼이나 무서워했던 일인들의 모습들도 사라져 갔으니, 이제는 우리 힘으로 우리가 살기 좋은 섬을 만들어 보자고 새로운 설계들을 했다. 그러는 동안에 어리둥절한 가운데 하룻밤을 들뜬 마음에 뜬눈으로 보냈다.

그 이튿날은 해방 후 처음 맞는 주일날이었다. 일제하에도 핍박을 받으면서 신앙을 지켜오던 기독신자들은 일제의 종교 탄압 밑에서 주일을 제대로 지키지 못하다가 이제야 해방된 조국의 신앙 자유를 누리면서 살게 되었다고 새로운 신앙생활로 들어가게 되었다. 그때 기독교인은 전체 재원자의 4분지 1도 안 되었다.

3. 부락 간부를 선출하다

일부 신자들은 하나님 앞에 예배를 드리고 있을 때 한편 원생들은 부락마다 회집하여 부락 일을 맡을 간부들을 신출하고 있었다. 부락 간부란 부락주임, 서무서기, 배급서기, 작업반장 등이다. 이날 6부락마다 부락간부 선출이 잘 진행되어 갔다.

그런데 동생리 부락에서는 직원 구타 사건이 발생했다. 원생들이 우리 힘으로 자치를 해야 한다고 간부를 선출하고 신임간부 환영박수를 하고 있을 때, 이것을 아니꼽게 노려보고 있던 사람이 있었다. 그는 다름아닌 일제 때 일인 직원 밑에서 순시부원 노릇을 하던 건강직원이었다.

그는 원생들이 회의를 마치면서 "대한민국 독립만세"를 부르고 "소록도 재원자 자치회 만세"를 부르고 할 때 만세도 부르지 아니하고 일제 때 하던 그대로 감시하는 태도로만 나오니 원생들이 이것을 좋게 볼 리가 없었다. 그래서 "너는 한국 사람이 아니냐? 해방이 되었는데도 기쁘지도 아니하냐? 일본이 항복한 것이 원통하냐?" 하고 시비가 벌어졌던 것이다.

이 순시부원은 평소 일인의 권세를 등에 업고 원생들의 사소한 일까지 샅샅이 들춰내어 일인 직원에게 고자질하여 벌을 받게 했던 자이다. 그리고 자기 비위에 걸리면 인정사정 없이 환자들을 몽둥이질

하는 악질적으로 평판이 난 직원이었다. 그의 손에 억울하게 죽을 만큼 몽둥이를 맞고 감금소에 들어간 사람이 한두 사람이 아니니다.

이러한 미움의 대상이 되어 있던 건강직원이 일인이 물러가고 해방이 되었는데도 여전히 환자들을 감시하고 억압하려는 태도로 나오니 그 손에 맞아 골병이 든 사람들이 그냥 두겠느냐 하는 것이다. 그래서 시대착오에 빠져 거만하고 뻣뻣한 자태를 고치지 못한 순시부원을 흥분한 몇 사람이 달려들어 구타를 해서 쫓아보냈다. 그는 간신히 직원 지대로 도주했다. 그는 그로 인해 그 길로 죽었다는 말이 있다.

사건은 그것으로 끝나지 않았다. 남생리 부락에서는 작업반장으로 있던 김남두 씨(김상태 원장 불신임 사건시 후생부장이다)에 대해 평소 사감을 가진 동네 사람들이 달려들어 구타를 해서 심한 타박상을 입게 했다. 이렇게 되자, 병사지대 공기가 점차 험악하게 되니 건강한 원직원들은 모두 직원지대로 올라가 버렸다. 그리고 경계선 출입은 금지되었다.

4. 원장 자리 노린 암투

일인 원장과 직원들이 물러간 소록도 갱생원은 원장의 자리를 놓고 주도권 암투가 벌어졌다. 간호장으로 있던 오순재 및 부락 주임으로 있던 송희갑 일파(이들은 모두 고흥 지방인이었다)와 석천 의사(석천은 창씨이다) 사이에 벌어진 암투가 그것이었다. 석천 의사는 국립병원 소록도 갱생원의 원장은 의사가 되어야 한다고 자신이 원장 자리를 노렸던 것이다. 그러나 자기는 외톨이고 오순재 일파는 고흥 출신들이기 때문에(그때 직원들은 거의가 고흥 사람이었다) 그들의 기세에 상대가 되지 않았다.

그는 궁여지책으로 환자들을 선동해서 자기의 야심을 충족시켜 보려고 했는지 모른다. 석천 의사는 웃옷도 벗어버린 채 헐레벌떡 병사지대로 뛰어와서는 신생리에 거주하는 전 6부락 대표인 이종기 씨를 찾아와(당시 이종기 씨는 구북리에서 신생리로 이동해 있었다) "건강직원들이 환자들의 의약품과 일상생활 필수품을 지방으로 밀반출하려고 기도하고 있으니 여러분의 것은 여러분의 힘으로 지켜야 하지 않겠느냐? 나 혼자 힘으로는 막을 도리가 없다"고 하면서 창고 열쇠를 맡기고는 총총걸음으로 사라져 갔다.

이종기 씨는 곧 6부락 신임간부들과 각 기관 간부들을 중앙운동장으로 소집을 해서 이 일에 대한 의논을 하게 되었다. 이때 소학교 교장으로 있던 이경도 씨(그는 일본 조도전 대학을 졸업한 유능한 지식인이었다. 지식으로, 웅변으로, 오순재 등의 적수가 아니었다)는 강력히 자치제도를 실시해야 한다고 들고 나왔다. 육지에 있는 외국인 요양소와 같이(대구 애락원, 여수 애양원 등) 우리도 우리 섬은 우리의 힘으로 다스려야 한다고 자치제를 역설하고 나왔다. 그리고 의약품 창고와 생필품 창고도 우리가 지켜야 한다고 주장했던 것이다.

드디어 직원지대에 있는 물품창고를 원생들이 지키기로 결정을 하고, 6부락에 동원령을 내려 중앙운동장으로 집결하도록 지시하였다. 이러한 장면들을 건강직원들이 중앙공원 나무 사이에서 모두 듣고 보고 갔다.

5. 우리 섬은 우리 힘으로

원생들은 우리들에게 배당될 각종 물품을 건강직원들이 지방으로 밀반출한다는 소식에 접하자, 너도나도 이것을 막아야 한다고 손에손에 몽둥이와 곡괭이 등을 가지고 운동장으로 수백 명이 집결하기 시작했다. 이때는 벌써 해는 지고 어둠이 소록도를 뒤덮기 시작한 때였다.

이경도 씨는 모여온 군중들에게 "우리 섬은 우리가 지켜야 하지 않겠느냐! 그러므로 직원지대로 밀고 가자!" 하고 소리를 치니, 모여 있던 군중들이 "올라가자!" 소리와 함께 "와-" 하고 함성을 지르면서 경계선을 향하여 어둠을 뚫고 기세당당하게 올라가기 시작했다. 당시 경계선은 의료본관을 조금 지난 현재 공안부 건물 앞이었다. 그때는 '미하리소'라고 불렀다.

원생들이 경계선을 향하여 올라가니 원직원들은 경계선 위로 못 올라오도록 진을 치고 있었다. 일인들이 버리고 간 총칼을 가지고 녹동치안대를 불러들여 환자들과 대치하게 되었다. 원생들은 "우리 섬은 우리가 지켜야 하지 않겠느냐! 우리에게 배당될 의약품이나 생필품 등을 지방으로 빼돌린다는 정보를 입수했으니 우리가 창고를 지키지 아니하면 우리의 것을 다 잃게 된다" 하고 강경하게 나왔던 것이다.

그러나 직원들은 "사실 무근이다" "중상모략이다" 하면서 한 사람이라도 월경을 하면 사정없이 발포하겠다고 위협을 가해 왔다.

"그러면 우리들 대표 몇 사람이라도 창고를 지키게 해 달라"고 요청했다. 그러나 그것도 거절당했다. 이렇게 되니 군중들은 그들의 말을 믿을 수가 없었다. 이때 들려오는 소식에 의하면, 양쪽이 팽팽히 대치하고 있는 상황에서도 일부에서는 지방 배를 선창에 대어 놓고 물품을 실어내고 있다는 소식이 전해져 왔다.

군중들이 이것을 알자, "너희들 말은 믿을 수가 없다. 만일 사실무근이면 현장에 가 보면 될 것 아니냐!" 했다. 그러나 직원들은 여전히 "허위날조이다" "유언비어"이다 하면서 현장 감시를 허락할 수 없다고 나왔던 것이다. 이때 누구인가 “현장에 밀고 올라가자! 이러고 있을 때가 아니다!” 하고 외치니 경계선에 집결해 있던 수백 명의 원생들이 “밀고 올라가자!” 하는 함성과 함께 “와-!” 하고 직원들의 방위선을 뚫고 직원 지대로 밀고 올라가기 시작했던 것이다.

이렇게 되니 직원들은 군중을 향하여 공포를 쏘기 시작했다. 총소리에 놀란 군중들은 모두 움 뒤로 물러서지 않을 수 없었다. 그때 뒤에서 “공포다!” “빈 총이다!” “두려워 말고 올라가자!” 하는 거센 목소리가 들려왔다.

뒤로 한 발자국 물러섰던 군중들은 이 말을 듣자, 흥분된 맘에 더욱 기세가 나서 “쏠테면 쏘아라!” 하고 다시 함성을 지르면서 올라가기 시작한다. 이때 직원들은 실탄을 넣어서 발포하기에 이르렀다. 선두에 있던 몇 사람이 총탄을 맞고 피를 흘리면서 쓰러졌다.

죽어 넘어지는 시체를 본 군중들은 “우리도 죽여라!” 하고 더욱 기세를 올리니 연달아 총구에서 불을 뿜기 시작한 직원들은 인정사정없이 7, 8명을 땅바닥에 넘어지게 했다.

7, 8명이 죽어 넘어지는 시체를 본 군중들은 죽으면서까지 올라가야 할 이유는 없다고 생각했다. 그 누구인들 하나밖에 없는 목숨을 아까워 하지 않을 사람이 있겠는가? 그래서 총소리에 한풀 꺾인 군중들은 총알에 못 이겨 도망가는 사람도 있고, 뒤로 후퇴하는 사람도 있어 결국 경계선까지 물러가게 되었다.

경계선까지 후퇴한 원생들은 “우리 섬은 우리가 지켜야 하지 않겠느냐! 눈을 멀쩡히 뜨고서 우리 물건을 도둑맞을 수는 없지 않느냐!” 하면서 죽음에 항거라도 하듯이 버티고 서 있었다. 이때 도망갔던 사람들도 다시 모여들기 시작해서 쌍방은 한 치의 양보도 없이 팽팽히 맞서게 되었다.

그러나 언제까지나 이러고 있을 수는 없었다. 서로가 할 일이 아니었다. 이때 오순재, 송희갑 등이 나타나서 타협책을 찾자고 하면서 대표 한 사람을 나오라고 한다. 원생들은 누구를 대표로 보낼 것인가 하고 망설이고 있는데 소학교 교장으로 있던 이경도 씨가 자원을 해서 나갔다. 여기에서 이루어진 타협안은, 오늘은 밤이라 각기 해산을 하고 내일 중앙공원으로 6m 거리를 두고 한 자리에 모여 자치문제 등 전반에 관한 문제들을 토의하는 좌담회를 열어 해결책을 모색하자고 하는 것이 타협안이었다.

이것을 원생들은 그대로 받아들이기로 하고 일단 해산을 하기에 이른 것이다. 그리고 총상한 사람들을 응급 처리했다.

6. 하늘이여, 땅이여!

집에 돌아온 원생들은 생각할수록 너무도 분하고 억울했다. 해방된 조국 독립의 기쁨도 나누지 못하고 이런 일을 당했으니 이 어인 날벼락이란 말인가? 잘 살아 보자고 서로가 얼싸안고 독립만세를 부르고, 해방 만세를 부르면서 좋아했는데, 우리 섬은 우리가 지켜야 한다고 외치다가 7, 8명이나 총살을 당하다니 세상에 이런 억울한 일이 또 있을까 생각되었다.

모두들 그날 밤을 울분으로 지냈다. 한편 6부락 간부들은 회의를 열고 20일에 있을 좌담회에 우리의 주장을 내세울 의견들을 모았다. 죽은 사람의 장례비와 유족들에게 지급할 보상금도 타내어야 한다고 의논을 했다.

이윽고 20일이 되었다. 부락 전 간부들은 직원들과 좌담회를 열어 자치회제도를 설립하여 요양 본위의 섬을 만들어야 한다고 생각하고 직원들과 합석할 준비를 하고 있는데, 직원 중에 한 사람이 와서 장소가 변경되었으니 전 간부들은 경계선에 있는 미하리소로 집합하도록 하라는 전갈이 왔다.

간부들은 이상히 생각하면서도 그들이 지정한 미하리소로 가지 않을 수 없었다. 그래서 먼저 온 4, 50명의 간부들이 미하리소에 갔다. 이때 직원들은 고흥과 순천 등지에서 무장한 치안대들 수십 명을 불러들여 경계선으로 올라오는 부락 간부들을 오는 대로 미하리소 건물 안에 가두고는 아무 이유도 설명 않고 결박을 지워서 마구 총을 쏘아 죽이는 것이다. 반항을 하면 대창으로 칼로 난자를 한다.

누가 총칼 앞에 반항할 것인가? 어제 저녁 타협안은 어떻게 하고 총알로 입을 막으려고 하는가? 먼저 올라간 50여 명의 간부들은 이렇게 모조리 비명 한 마디 못 지르고 총에 칼에 죽었다. 사람으로 생각지 않고 날파리들을 죽이는 기분으로 저들은 자신들의 야망을 이루기 위해 반백 명의 목숨을 순식간에 앗은 것이다. 이러한 오순재 일파의 천인공노할 만행에 누가 분개하지 않을 수 있겠는가? 아 — 원통해라! 하늘이여, 들으라! 땅이여, 귀를 기울이라! 이 만행, 이 울분을 어떻게 차마 볼 수 있겠는가?

오순재 일파의 만행은 이것으로 끝나는 것이 아니다. 미처 올라오지 못했던 간부들이 총소리에 놀라 허둥지둥 도망을 치니 그들은 뒤좇아가 닥치는 대로 잡아 결박을 지워 끌고 와서 계속해서 죽이는 것이다. 대항을 하면 현장에서 마구 찌르고 가르고 하여 무참히 죽였다.

직원들과 치안대들은 짐승 사냥하듯 6부락에 흩어져서 총살 리스트에 오른 사람은 어떻게 하든지 찾아내어 끌고 갔다. 소록도 섬 안에서 어디에 간들 피할 곳이 있겠는가? 어떤 사람은 총을 맞고 도망을 가니 죽어 쓰러질 때까지 난사를 했다.

이렇게 하는 동안에 중앙리에서 주민들을 불러내어 치료 본관 앞 바다 언덕 가까이 큰 웅덩이를 파도록 했다. 무엇하는 것인지도 모르고 웅덩이를 파 놓으니 그 웅덩이에 총을 맞아 죽은 사람, 아직 숨이 채 끊어지지 아니하고 신음 중에 있는 사람, 막 결박을 지어온 사람 할 것 없이 웅덩이 속으로 쓸어 넣는다. 그리고는 일제 때 군용으로 채취해 놓은 송진 기름을 수십 드럼을 가지고 와서 시체와 산 사람 위에 붓고 불을 질러 버렸다.

오늘에 살아 있는 여러분이여, 그때의 장면을 한 번 상상해 보시라! 어찌 이 야만적인 만행이 하늘 아래 이루어질 수가 있었단 말인가? 진정 저들은 사람이 아니었기에 사람을 사람으로 보지 않았으리라. 원생들이 자치를 달라고 한다고, 우리의 생필품을 우리가 지키려고 한다고, 이런 잔인하고 비인간적 만행을 서슴지 않고 감행하는 오순재, 송희갑 일파를 하늘이 무심치 않을진대 그냥 두겠는가?

백 보를 양보해서 생필품 밀반출이 석천 의사가 퍼뜨린 중상 모략이라고 하자. 그렇다면 대표 몇 사람에게 사실대로 현장을 목도케 하면 곧 오해가 풀어졌을 것이 아닌가? 그러나 문제는 여기에 있지 않고, 그들은 일인들이 그들의 식민지 백성을 무자비하게 학대하고 탄압하던 것을 그대로 본을 따서 해방된 조국에서도 동족이라는 사실을 망각한 채 자신들의 야욕을 위해 환자들을 경멸, 억압하려고 하는 근성을 가지고 강압정책을 시행키 위해 자신들 눈에 거슬리는 사람은 모조리 근본부터 없애기 위해서였다.

7. 소록도 하늘에 한 점 연기가 되어

저들은 환자들을 총살한 이유를 동생리 순시부원 타살사건을 들어 환자들이 건강직원을 죽이려고 하기 때문이라고 선전했을지도 모른다. 그렇다면 생각해 보자. 일인들이 20여 년 간 환자들을 혹사할 때에 그 손에 죽어간 사람이 얼마나 되었던가? 환자의 몸으로 벽돌

굽고, 가마니 짜고, 벌채하고, 숯 굽고, 인조공원 만들고, 선창석축 쌓는 등 갖은 중노동으로 혹사를 시킬 때 견디다 못한 이춘성 씨가 원장 동상 참배시에 도간호장 좌등을 죽이려고 한 것이 좌등은 그날 운이 좋았던지 자기 자리에 있지 않아 당황한 이춘성 씨는 원장도 그 책임이 있다고 주방 원장을 죽인 일이 있었다. 그러나 그 일인들도 무차별 살상으로 보복하지는 않았다. 당사자만 정당한 재판에 의해 처단했다.

일제하 일인들의 권세를 믿고 그 밑에 아첨하는 몇몇 직원들이 상관에게 잘 보이기 위해서 환자들에게 말할 수 없이 악질적으로 놀았다는 것쯤은 추측하기에 어렵지 않은 일이 아니겠는가? 해방된 조국이 자유천지가 되었는데도 여전히 일제 때 근성을 버리지 못하고 거만하게 환자들을 멸시하는 거동으로 사사건건 감시하는 태도를 취하는 순시부원을, 그의 손에 죽을만치 맞고, 억울하게 감금을 당하고 해방과 더불어 나온 사람들의 분노가 얼마만한 것이라고 생각할 때, 사전에 그 분노를 당사자들은 적극 잠재워야 할 것이 아니겠는가? 물로 이유야 어쨌든 폭력이나 살상으로 보복한다는 것은 정당하다고 할 수는 없다. 다만, 세상이 뒤바뀌고 압축 공기같이 억압된 감정이 일시에 폭발할 때 다소의 불상사도 어찌 없기를 바라겠는가 하는 말이다.

만일 직원들의 말대로, 정녕 환자들이 직원들을 해치려고만 하였다면, 경계선으로 몽둥이들을 가지고 올라갔을 때에 직원들 몇 사람쯤은 해치지 않았겠는가 말이다. 그러나 원생들 중에는 그 누구도 다만 창고를 지키려고 올라갔지, 직원을 해하려고 올라간 사람은 한 사람도 없었던 것이다. 그 증거로는, 동생리 사건 외에는 직원들은 한 사람도 상한 일이 없었기 때문이다. 때문에 저들의 살상 행위를 정당화 할 그 어떤 선전도 강압정책을 쓰기 위해서 자기들 눈에 거슬리는 사람을 제거하려는 계획에 대한 구실을 내세운 것뿐이다.

세상에 아무리 인면수심(人面獸心)의 인간이라 할지라도 어떻게 그런 야만적인 대학살을 거리낌없이 할 수 있단 말인가? 그 중에는 죽지 않겠다고 필사적으로 웅덩이 밖으로 기어나오는 것을 창으로 찔러 다시 웅덩이 속에 밀어 넣는 그 만행을 눈을 뜨고 어떻게 볼 수 있겠는가? 천하에 이런 전율의 공포 분위기가 어디 또 있으며, 불법천지 암흑지대가 어디 또 있겠는가? 생각하면 생각할수록 억울하고 답답한 마음에 뼈를 깎는 아픔을 견딜 수 없는 것이다.

이들이 총에 맞고 불에 타 죽으면서 부르짖는 원한의 소리는 구천에 사무쳤다. 그것은 참으로 '자유 그것 아니면 죽음을 달라'고 한 3·1운동 당시에 애국애족자를 학살한 일제의 폭정이 무색할 일이 아니겠는가?

이렇게 억울하게 죽어가니 몇 날 동안 송진 기름과 시체 타는 냄새가 코를 찔렀고, 시체 타는 불길은 하늘에 충천했다. 낮에는 검은 연기가 소록도를 덮었고, 밤에는 불기둥이 남쪽 해안을 붉게 물들였다. 하늘도 무심치 않아 지나가던 구름도 걸음을 멈추고 눈물을 뿌리고 갔다니 오— 통재라! 이 원통하고 억울함을 누구에게 하소연하랴!

이때 강압에 못 이겨 이 일을 맡아 웅덩이를 파고 죽은 사람 산 사람을 억지로 웅덩이에 밀어 넣었던 중앙리에 거주한 박경선이란 분은 그 일 후로는 반 미치광이가 되어서 옷옷고름을 풀어 헤치고는 만나는 사람마다 "날 용서해 줘요! 날 용서해 줘요!" 하면서 정신 잃은 사람처럼 돌아다녔다고 한다. 그는 자다가도 벌떡 일어나 알아듣지도 못할 헛소리를 하면서 비명을 지르기도 하고, 온몸을 사시나무 떨 듯이 와들와들 떨면서 겁에 질린 사람이 되었다고 한다. 정신이 상자가 된 것이다.

8. 호랑이굴에서 살아난 사람

이러한 학살 와중에도 구북리 부락 주임으로 있던 김민옥 씨(김상태 원장 불신임 사건시 자치회 위원장이다)는 죽음을 면했다. 그의 말에 의하면, 병사지대의 공기가 술렁이기 시작하고 직원들의 거동이 수상해진 것을 눈치챈 그는, 부락 간부들을 중앙운동장으로 모이라고 할 때에 운동장에 와서 보니 아직 몇 사람이 모이지도 않았고 공원 여기저기에는 건강직원들이 총을 들고 서성거리고 있는 것이 눈에 띄어, 아무래도 심상치 않은 기분이 들어 그는 그 길로 동생리 뒷산 넘어 숯 굽는 굴에 가서 피신하려고 산으로 올라갔다.

그런데 굴로 간다는 것이 방향을 잘못 잡아 태화리 부락 쪽으로 내려가게 되었다. 할 수 없이 일제 때 구북리 부락 주임으로 있었던 박 주임을 찾아가 자기를 직원지대에 숨겨줄 것을 요청하게 되었다.

김민옥 씨는 왜 직원지대로 피신을 해서 구명 요청을 하게 되었는가? 전해져 오는 말에 의하면, 6부락 대표로 있던 이종기 씨와 김민옥 씨는 다함께 구북리에 살고 있었다. 그런데 돌연 이종기 씨가 신생리로 옮겨갔다. 내용인 즉, 이종기 씨는 부락민에게 인심을 잃어가고 있었다. 반면에 김민옥 씨는 언행 범절에 있어서 모든 사람으로부터 존경을 받게 되었다. 더욱이 직원들도 김민옥 씨를 신임하게 되니, 한 동리에서 그 꼴을 못 보겠다고 갑자기 신생리로 옮겨가니, 이종기 씨가 김민옥 씨에게 밀리어 부득이 신생리로 옮겨갔다는 추측들이 나오게 되었던 것이다.

그러자 8·15 해방이 되었다. 이종기 씨는 국가 행정의 공백 기간을 타서 김민옥 씨에 대한 반감을 가지고 수하 사람을 충동을 해서 그를 해치우고자 한다는 풍문이 돌기 시작했다. 이를 전해 들은 김민옥 씨는 그렇지 않아도 동생리와 남생리의 사건들이 맘에 걸렸는데

행여나 만의 하나라도 자기 신변에 위험이 올까 해서 숯굴로 피신하려고 했을 것이라는 뒷 이야기이다. 이것은 본인의 말은 아니라는 것을 밝혀둔다.

박 주임은 참 좋은 사람이다. 평소 구북리 사무실에서 같이 일을 보았고, 또한 김민옥 씨의 인물됨을 잘 알고 있는 터이라 쾌히 승낙을 해서 태화리 어느 빈 집에 숨어 있게 하였다. 그런데 그날 밤, 경계선 일대에는 요란한 총소리와 함께 비명 소리가 들려오고 해서 김민옥 씨는 맘이 놓이지 않아 안절부절했다. 그러자 그날 저녁은 일단 원생들이 해산을 하고 각기 집으로 돌아갔다는 말을 전해 들었다.

그날 밤에 오순재, 송희갑 등은 전직원들을 모아 놓고 원생들의 자치 문제 등 사후 대책을 의논하게 되었는데, 이 모임에서 그들은 자기들보다 모든 방면에 수준이 높은 환자들을(6부락 간부들 중에는 쟁쟁한 인사들이 많았다) 다스려 나가기란 힘드는 일이니, 자치제를 실시하여야 된다고 들고 나오는 환자들에게 권리를 빼앗기고 직장을 잃게 되고 하는 것을 두려워하여 아예, 후환을 없애기 위해서 현 간부들은 모두 총살시켜 버리자고 결정을 보게 되었다.

간부라고 하면, 각 부락 주임, 학교 교원, 매점 이사, 의료 보조수, 서무서기, 배급서기, 산업반장, 산업조수 등이다. 직원들의 결정이 이렇게 되자, 차고 열쇠를 맡기고 간 석천 의사는 황급히 해안을 따라 신생리에 내려와서는 직원들이 나를 죽이려고 하니 배로 녹동까지 실어 내보내 달라고 해서 신생리 배를 타고이종기 씨와 지방으로 도주하기에 이르렀다.

직원들의 결정을 전해 들은 김민옥 씨는 직원지대 태화리 빈 집에 숨어 있었으나 어떻게 될 것인가 하는 자신의 신변의 위험을 느끼지 않을 수가 없었다. 환자 간부들을 전부 죽이기로 했다면 자기도 예

외일 수는 없을 것이라고 생각했기 때문이다. 그래서 어떻게 생각하면 화약을 지고 불로 들어온 것 같기도 하고, 어떻게 생각하면 늑대를 피했더니 호랑이를 만난 것 같기도 했다. 그러나 설마 박 주임이 있으니 살려달라고 구명하러 나온 나를 죽이라고 하겠는가 생각하니 일루의 희망이 없는 것도 아니었다. 산짐승도 집에 들어온 것은 잡지 않는다고 하는데 하는 생각이다.

한편 직원들 중에는 김민옥 씨를 두고 서로들 의견이 분분했다. "직원들의 거동을 살피러 온 정탐군이 아닌가?" "초록은 동색이요, 가재는 게 편이라고 환자는 별 수 없이 환자와 한 속일 것이니, 아예 이 기회에 해치워 버리는 것이 후환을 없게 할 것이다" 하고 주장하고 나온 사람도 있었다. 그러나 사람 좋은 박 주임이 김민옥 씨를 옹호하고 나섰다. 그 분은 절대 그런 사람이 아니라고 변호를 해서 일단 총살 대상에서 제외가 되었다. 그러나 그의 행동을 주시하여야 한다고 언제나 그의 주변을 경비원이 감시를 하도록 하고 있었다.

박 주임은 직원들 앞에서 장담을 해 놓았지만, 혹시나 해서 여러 번 김민옥 씨를 찾아와 자기가 의심을 많이 받고 있다고 절대로 밖에 나가서는 안 된다고 당부를 하는 것이다. 이렇게 해서 꼬박 이틀 밤을 전전긍긍하면서 빈 집에서 지냈다.

병사지대에는 쉴새없이 총소리가 요란스러히 들려오는가 하면 간간이 희미하게나마 죽어가는 사람의 비명 소리가 들려오기도 한다. 그러니 직원지대에서 감시를 받고 있는 그의 심정인들 어떠했겠는가?

그 이튿날, 박 주임이 찾아와서 이젠 총살 금지령이 내렸으니 안심하고 집에 돌아가도 좋다고 한다. 그는 그때에야 집으로 살아서 돌아올 수가 있었다.

9. 바다가 삼킨 비명소리

한편 병사지대에서 행해진 학살 만행은 섬 안 자치회 간부들만을 죽이는 것으로 끝나지 아니하고, 벌교로 장콩을 가지러 간 작업반장과 작업조수들도 총살 대상에서 제외될 수가 없었던 모양이다. 장콩을 실러 간 일꾼들은 벌교에서 조국 해방의 기쁜 소식을 들었다. 오는 도중에 읍면 촌락마다 태극기를 휘두르면서 우리 나라 독립 만세를 부르고 기뻐 날뛰는 조국의 광복 천지를 목격했다.

이것을 본 원생들은 우리 소록도에도 일제의 학정 강제 노동에서 해방되었다고 기쁨을 억제하지 못하고 배 안에서도 몇 번이고 만세를 부르면서 기뻐했다.

그런데 이 어인 청천벽력인가? 금산도 앞바다에 배가 왔을 때 난데없이 직원들과 지방 치안대들이 총칼을 들고 배에 오르더니만 이름 부르는 사람은 따로 나오라고 한다. 그들은 영문도 모르고 하라는 대로 했다. 이름 불리운 사람이 따로 나와 서니 뱃가로 일렬로 서라고 한다. 누가 거역할 것인가? 일렬로 서는 순간 총구에서는 일제히 불을 뿜었으며, 비명도 못 다 지르고 바다에 첨벙첨벙 떨어져 거품도 없이 사라져갔다. 이들은 단순히 작업반장과 작업조수들일 뿐이다.

이때 서영달 씨는 재빨리 총을 맞은 척하고 물에 떨어졌다. 그리고 배 밑에 숨었다. 박순암 씨도 죽으을 면했다(박순암 씨는 사건 당시 산업부장이다). 직원들은 간부들을 다 죽이고 난 뒤에 혹시나 하고 떠오르는 시체들을 확인하는 것이다. 그리고는 발동기를 가동하여 아무 일 없었던 것같이 물살을 가르며 섬으로 갔다. 서영달 씨는 배 밑에 숨어 있다가 배가 가동할 때 물속으로 머리를 숨겼다.

그러나 언제까지나 숨을 수는 없었다. 머리를 치켜들고 숨을 쉬는 순간 배의 속력이 미처 나기 전에 그들에게 발견되고 말았다. 그래서는 서영달 씨를 향해 집중 사격을 시작하는 것이다. 그는 물에 잠기기도 하고 동료 시체를 총알받이로 방패 삼기도 해서 날랜 기지와 평소 수영 실력으로 구사일생 살아날 수가 있었다.

콩 실러 간 간부들 중에 서영달, 박순암 두 사람만 살아났고 그 외는 다 이렇게 죽어갔다. 이것은 서영달 씨로부터 직접 들은 이야기이다. 섬에서는 장콩 실러 간 사람들이 언제나 올까 하고 맘을 조였다. 만일 일찍 와서 변을 당하면 어쩌나 하고 가족들이 가슴을 태우며 금산 쪽 바다만 바라보고 있는데, 난데없이 귀를 찢는 듯한 요란한 총소리가 들려오니 모두 혼비백산해서 울지도 못하고 정신을 잃고 말았다. 나중에 배가 돌아온 것을 보니 장콩 가마니에 피만 뿌려져 엉키어 있더라는 것이다.

아, 비절통절한 소록도 학살 만행이여! 당시 부락 일에 앞장서서 일하던 90명 중 84명의 간부들이 이렇게 미하리소에서, 길거리에서, 웅덩이 속에서 콩배에서, 무참히 죽어갔으니 이 억울한 죽음 앞에 통분하지 않을 사람 누구리요. 병든 것도 서러운데 이 어인 날벼락이란 말인가?

그때 부락 일을 맡아보는 사람들 중에 죽지 않고 살아남은 사람은, 김민옥 씨(구북리 부락 주임), 김남두 씨(남생리 작업반장), 서원갑 씨(매점 조수), 박순암 씨(신생리 작업반장), 신점식 씨(작업 조수), 서영달 씨(작업 조수) 6명 뿐이다.

김민옥 씨는 앞에서와 같이 직원지대 빈 집에서 박주임의 선심으로 살아났고, 매점 조수로 있던 서원갑 씨는(사건 당시 자치회 부위원장이다) 직원 중에 잘 아는 사람이 있어 집으로 왔을 때 피하라고 눈짓을 해서 살아났다. 김남두 씨는 사감(私感)으로 몇 사람으로부터 심한 타박상을 입고 죽을 줄 알고 버려둔 것이 전화위복으로 살아나는 일이 되었다. 서영달 씨와 박순암 씨는 콩배에서 살아났고, 신점식 씨는 고향이 고흥이라서 까마귀도 고향 까마귀는 반갑더라고 고흥 간부가 그에게 죽을 웅덩이를 파라고 시키고는 시간을 끌게 해서 학살 중지령이 내리자 살아났다고 한다.

10. 롯의 아내와 같은 죽음

한편 이러한 일이 벌어지는 동안 열쇠를 맡기고 간 석천 의사와 이종기 씨는 신생리 배를 타고 탈주를 했다. 이종기 씨는 다행히 섬을 탈주했기 때문에 살아남을 수가 있었다. 그래서 장흥 지방에 숨어서 기회를 보아 고향으로 가려고 생각했다. 그런데 몇 날 뒤에 장흥을 떠나려고 하니 발이 떨어지지 않는 것이 하나 있었다. 그것은 집에서 나올 때 황급히 뛰쳐 나오느라고 빠뜨리고 온 물건이 있었기 때문이다.

그는 같이 동행한 사람에게 소록도에 들어가서 그 물건을 가지고 오게 했다. 이것이 화근이 되어 직원들이 뒤를 밟아 따라가 장흥에서 잡히고 말았다. 잡아와서는 경계선 미하리소에 가두워 두었던 것이다. 그는 죽기가 두려웠던지 와들와들 떨고 있었다. 그러자 직원들이 배로 실어내 줄 터이니 남생리 선창으로 가자고 유인해 왔다.

그는 정말 살려줄 줄 알고 좋아서 따라 나왔다. 가는 도중에 그의 손에 차고 있던 손목시계를 직원이 달라고 했다. 여기에 눈치를 챈 그는 선창으로 가기를 꺼려했다. 그러나 꺼려한다고 안 가고 될 일은 아니었다. 선창에 꿇어앉혀 놓으니 80여 명이 죽어갔는데 나 홀로 살기를 바라겠느냐는 듯이 그는 죽기를 각오하고 모든 것을 체념을 하고 순순히 따랐다.

선창에는 미리 장작을 쌓아 놓고 대기하고 있던 사람들이 그가 오자 그 중에 정○○씨가 몽둥이를 뒤에 숨기고 "배가 왜 오지 않지?" 하고 그의 주위를 배회하다가 일격으로 뒤통수를 쳐서 실신케 하고 장작불에 화장을 하니 뒤를 돌아보다가 소금기둥이 된 롯의 아내처럼 물건 욕심 때문에 뒤를 잡히어 한 가닥 연기로 사라진 그의 죽음을 애석히 생각하지 않을 수 없다. 참으로 이 모두 끔찍한 일들이었다.

사람은 인심을 얻고 볼 일이다. 김민옥 씨는 화약을 지고 불로 들어갔으나 죽지 않고 살아올 수가 있었으나 이종기 씨는 살겠다고 멀리 도주를 했는데도 기어이 잡혀와서 죽고마니 다시 한 번 경행록의 글이 생각난다. 「은혜와 의리를 널리 베풀어라. 인생이 어느 곳에서 서로 만나지 않으랴. 원수와 원망을 맺지 말아라. 외나무 다리에서 서로 만나매 피하기가 어려우니라」 성경에는 「그러므로 무엇이든지 남에게 대접을 받고자 하는 대로 너희도 남을 대접하라. 이것이 율법이요 선지자니라」(마 7 : 12) 했다. 석천 의사는 그 길로 도주해서 살았다는 말도 있고, 잡혀와서 죽었다는 말도 있으나 확실한 것은 알 수가 없다.

11. 심은 대로 거두는 원리

이렇게 소록도는 해방 직후 무법지대요, 암흑 천지를 이루었다. 84명이 무참히 학살당하는 전율과 공포의 섬으로 화했던 것이다. 일제 때 그렇게 가혹한 중노동 밑에 인간의 대접을 받지 못하고 육신적으로 정신적으로 말할 수 없는 탄압을 받다가 해방된 조국산천에서 자유민 된 기쁨도 맛보지 못한 채 참혹하게 무참히 죽어갔으니 이들의 영혼을 그 누가 위로할 수 있으랴!

해방 후 첫 번째 소록도 원장으로 부임한 김형태 원장은 환자에 대한 동정심과 사랑이 깊은 분이었다. 그는 환자 본위로 원을 운영해야 한다고 많은 직원을 감면시켰다. 관사지대에 건강직원들이 살고 있는 태화리도 직원들을 내보내고 원생들에게 넘겨 주었다. 그래서 장안리로 고쳐 부르니 이로 인해 병사지대는 6부락이 7부락으로 늘어났던 것이다.

그리고 끔찍한 대학살 만행을 저지른 오순재, 송희갑을 섬에서 축출했다. 학살 사건의 원흉들을 섬에서 몰아냈을 때 4천 재원자들은 비로소 안도의 한숨을 내쉬었다. 이제야 암흑의 소록도에는 발 뻗고 잘 날이 왔는가 싶어 환자들은 희망으로 그간의 슬픔을 달랬다.

김형태 원장은 소록도에 의학강습소를 설립하여 환자들의 치료는 환자들의 손으로 해야 한다고 의학 강습을 실시했다. 그뿐 아니라 소록도는 환자의 힘으로 요양 본위의 요양소가 되어야 한다고 자치회가 조직되었다. 자치제도를 부르짖다가 억울하게 죽어간 84명의 죽음이 헛되지 않았다고나 할까.

이렇게 자유 쟁취의 대가는 값비싼 것인가? 섬에서 쫓겨간 오순재, 송희갑은 그후 여순반란사건이 일어나자, 재기의 야욕을 품고 반란사건에 가담했다가 사람 죽이는 그 버릇 그대로 많은 양민을 죽였다는 죄목으로 반란이 진압되었을 때 반란 선동자로 체포되어 총살을 당했다고 한다.

사람은 누구나 심은 대로 거둔다. 피조물인 인간에게는 공의의 하나님께서 반드시 심판하실 날이 있기 때문이다.

이것으로 해방 직후의 소록도 대학살을 당한 비절통절한 만행 사건의 대략을 밝혀 보았다. 이 기록은 필자가 소록도에 살면서 이 사람, 저 사람에게서 수집한 증언들이며, 당시 죽음을 면하고 생존한 사람들에게 와 이성곤 장로와 박순학 장로의 증언에 의한 것임을 밝혀 둔다.

제3시집

소록도, 눈물의 노래

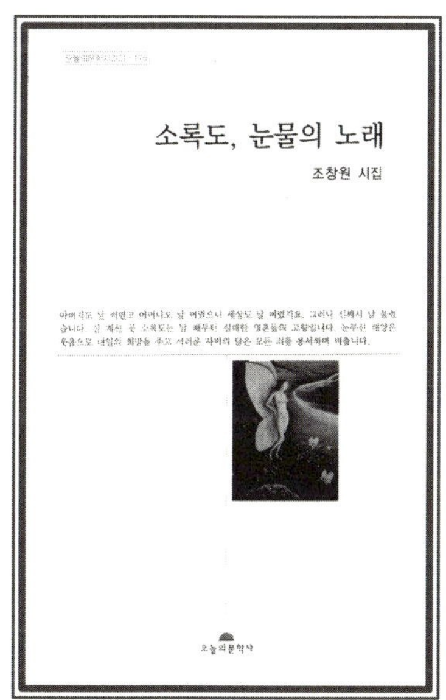

▌서문 ▌

소록도, 비탄의 역사를 후세에 남김으로 과거사를 돌이켜보고 건병(健病) 간에 다같이 반성할 것은 반성하고 이해할 것은 이해해서 보다 나은 삶과 명랑하고 밝은 사회를 건설해야 합니다.

다시는 이러한 비극의 역사가 우리나라에 되풀이되지 않도록 하기 위해 기억 속의 추억을 더듬어서 기록할 생각이었습니다. 그렇지만, 원래 글재주가 없어서 이리저리 미루어 오다 보니 내 나이 벌써 80이 되어서 앞길이 멀지 않은 것 같아, 조급한 마음으로 얄팍한 시의 지식을 가지고 소록도 역사를 남기고저 합니다.

시는 글로써, 그림도 한 폭으로 많은 메시지를 전달할 수 있기 때문에 소록도 눈물의 역사를 5부로 나누어 시로 썼습니다.

제1부 이춘상 환자의 하늘
제2부 소록도 대학살
제3부 빅토리섬의 대학살
제4부 오마도 간척지의 비운
제5부 혼자 부르는 소록도 노래

앞에서 언급한 바와 같이 저는 시나 그림에 대해서 전문적인 공부를 하지 못했고 나 혼자 좋아서 쓰고, 그렸습니다.

시나 그림은 누구나 즐길 수 있습니다. 그것에 몰두해 있을 때는 너무 행복하다는 생각을 하게 됩니다.

그러나 시집을 낸다든가, 그림 전시회를 한다든가, 하는 것은 깊이 생각해야 할 문제라고 생각합니다. 그러므로 시인과 화가에게 미안한 마음을 전하면서 주제가 있는 시와 그림을 그리기까지는 소록도의 생활과 체험이 바탕임을 밝힙니다.

본인이 소록도 병원장으로 재임시 언론보도를 도와주신 이청준 작가, 이규태 조선일보 기자, 고 한하운 시인, 오마도 간척을 도와주신 고 손문경 의원, 고 서민호 의원님께 다시 한번 감사를 드리며, 한빛협회 회원 여러분께도 심심한 감사를 드립니다.

이 시의 대부분은 나의 내자가 직장암으로 아산중앙병원에 입원하여 간병을 하면서 짬짬이 썼습니다.

이 책의 이익금은 소록도 선구자들을 위해 기념비를 세우는데 도움을 줄 생각입니다.

2005년 가을에. 조 창 원

1부

이춘상 환자의 하늘

그래도 살고 싶다
바위보다 비바람보다 강인한
생명력을 자랑하는 소록도가
봄을 맞았다
소록도

小鹿島 아리랑

소외된 영혼의 나라
남해(南海)에 뜬 작은 사슴섬
세월에 뿌려진
역사의 내상(內傷)은
푸른 파도에 부서지고
한(恨)과 원(怨)의 붉은 사연은
하얀 거품으로
백사장을 때린다
무상(無常)한 세월은
구라선(救癩船)의 고동소리에 잠들고
삭막한 공간에
무간지옥(無間地獄)에
선녀 같은 밝은 달이
사랑의 빛을 뿌린다
아,
아리랑 아리랑 쓰라리요
무간지옥(無間地獄) 고개 넘은
소록도(小鹿島) 아리랑

오마도 · 1

— 비운의 간척, 역사

자랑할 것 아무 것도 없는
내 지나간 날들을 뒤돌아봅니다.
흘러간 군사혁명정부의 권력 투쟁 속에
짓밟힌 오마도 간척지,
비운의 역사가
내 혼과 피를 빼앗겨
한이 된 비통 속에
단 한번의 박수도 받아보지 못한
깨알 같은 세월 속에
작은 가슴 활짝 펴고
큰 소리 한번 쳐 보지 못하고
죽은 듯이 그렇게 살아야만 했던
통한의 날들,
그러나 부끄럽지 않았습니다.
아쉽지 않았습니다.
저 광활한 330만 평의
풍요로움 가득히 넘치는
우리들의 영혼의 땅을
이 활기찬 들판을 꾸미는데
우리들의 온 생애를 이 나라에
아낌없이 다 바쳤습니다.
군정의 노예의 과목이 되어

움켜쥔 것은 허공뿐이지만
이 나라의 역사는
너와 나의 존재 위에
오! 영원히 꺼지지 않는 빛으로
새롭게 태어나리라 믿습니다.

수억년 버렸던 소록도 바닷가

우리나라를 일본이 강점하고 나서
복지시설을 건설한다는 미명(美名)아래
나환자 강제수용법을 만들고
소록도 건설인원을
HanSen 환자로
강제 징용하여
노예같이 부려먹는다.
중노동에 시달리다
많은 환자들이 죽어간다.

그뿐이랴,
살아 있는 원장의 동상을 만들어 놓고
달마다 한번씩 참배케 한다.

여기에 불만을 품은
27세의 이춘상,
나라 잃은 설움에
복수를 맹세하고

1942. 6 .20
원장 동상 참배일에
자기 동상 앞으로 다가가는 원장을
한칼에 심장을 찔러 살해한다.

아! 수억 년 버렸던
소록도 바닷가의 바위가 하늘을 흔든다

세월에 뿌려진 小鹿島의 눈물

소록도의 비탄의 역사는 전 지구촌의 HanSen의 역사
소외된 인간 속에 오징어같이 짓밟혀온 二千年
의사(醫師) 지식인들이 편견 차별 및 박해를 당연시하고
국가는 이율배반적인 정책으로 자유와 인권을 박탈했다
휴매니스트라 자칭하는 사람들아
지식인이라 자칭하는 사람들아
정치인이라 자칭하는 사람들아
성직자라 자칭하는 사람들아
앞에선 쓰다듬어주고 뒤통수를 갈긴다
보라!
1945년 8월 20일 소록도의 대학살사건(84명 학살)
1958년 8월 18일 빅토리섬의 대학살사건(26명 학살, 70명 중상)
1964년 3월 소록도 음성환자들의 정착, 계간지 오마도 330만평의 강탈사건
오! 통재라 바다가 삼킨 비명의 소리
하늘도 눈을 가린 참극

병든 것도 서러운데 병들었다는 이유만으로
죄없는 죄인이 되어
아! 이 원통하고 억울함을 누구에게 하소연하랴
땅아, 내 피를 가리지 말라.

복수

— 이춘상 · 1

섬끝을 타고 돌던
점호의 나팔 소리는 잠들고
소록도의 밤은 깊어가는데
살며시 일어서는 스물일곱의 맑은 영혼
살 속 깊이 파고든 복수를 맹세하며
떨어지는 눈물
1942년 6월 20일 오전 8시 5분
원수의 두목 주방정계 원장 동상 참배일
차에서 내린 두목은 과장들을 앞세우고
자기 동상 앞으로 간다.
순간!
푸른 하늘에 떠돌던 구름
우레가 되어 쏟아진다.

인간 사냥꾼의 두목!
6000 환우의 복수의 칼을 보았는가
힘차게 찔러버린 푸른 한 칼에
서서히 쓰러진다.

이춘상 만세 만세 만만세
천령이 주시는
파란 생명의 비가 내린다.

교수형을 기다리며

— 이춘상 · 2

천년의 원수를 한 칼에 무찌르고
철창 틈 사이로 뜬 구름을 본다.
지상적 현실에서 벗어난 구속
자유로움과 영원한 방랑자.

이 몸도 죽어
하늘에 떠도는 슬픔을 노래로 달래며
사랑을 찾는 여정의 빛을
햇살 가득한 에덴동산에
여로로 다한
방랑의 닻을 내리리.

슬픈 주검

— 이춘상·3

지순한 꿈 채 펼쳐보지 못하고
덧없이 가뭇없이
쓰러지는 주검들
오늘만은 하늘도 검은 옷을 입는다.

갈매기 한풀이 춤을 추며
곡비(哭婢)가 되어 통곡한다.
황령(荒靈)의 파도
푸른 피를 뿌리며 달려와
님의 향기가 숨쉬는
중앙리 병사의 백사장을 때리고
하얀 거품으로 다가왔다 사라진다.

해송(海松)들은
순일한 한 젊은이의 주검 앞에
노란 송분을 날리며 명복을 빈다.

소록도 천사들 결혼의 말로

신이 주신 선물
사랑 하나만을 움켜쥐고
장밋빛 꿈속에서
하얀 나비가 되어
분홍색 노래를 불렀습니다

흰 빛을 마시며
사랑을 밝히는
청실홍실의 뜨거운 입맞춤은
어머니가 날 버리고
아버지가 나를 쫓으니
세상이 나를 버립니다

검은 세상의 먹구름 속에서
피어난 처량한 민들레
인간 마을에서 살아보려는
차별의 그물에 걸리고
편견의 거미줄에 걸려

내 그림자와 같이
춤추는 나비가 되었습니다
아!
사라지는 바람이여
그 속에서 벗어난 자유로움이여

천사들의 결혼

편견(偏見)의 독화살에 문신 찍힌 민들레가
미끄럽고 험난한 징검다리에 서서
구슬픈 가락으로 인생 응원가를 부른다
허망한 꿈이 인생이라지만
꽃 없는 풀들의 뜨거웠던
청춘의 노래가
천사들의 사랑의 빛이 되어

저 하얀 하늘에서
저 하얀 날개가
편견과 차별의 벽을 넘어
나풀나풀 날아와
민들레의 골수 속에
사랑의 입맞춤을 한다
아!
신이 주신 새로운 신화의 빛이요
백의 천사들의 분홍빛 사랑의 노래가
수억 년 버렸던 소록도 바닷가의 바위를 흔든다

인권의 등대

— 소록도의 인권 · 1

흘러가는 세월을 붙잡고
인간의 중심을 빼앗긴 한(恨)
싸워가면서
천둥치는 먹구름
이제 개이고
인권의 동천은 밝아온다.
일어서 나가자,
선경의
보도를 뽑아들고
지각에 비추는
인권 등대를 향하여.

인권위원회의 사랑

— 소록도의 인권 · 2

비탄의 역사가 잔잔히 깔린
한(恨)의 땅
소록도(小鹿島)의 입춘대길(立春大吉)
편견과 차별의
꽁꽁 얼어붙은 땅을
쟁기로 희망의 씨를 뿌리자
뿌린 것이 있어야 거둘 것이 있다
우리들의 인권과 자유가
현실 속에 얼어 있을지라도
인권위원회를 사랑하니까
언땅도 녹게 하고 꽃을 피우는 것
일어서자!
한 시대의 어둠을 밝힌
우리의 삶을 사랑해서
원한(怨恨)도 자유와 인권의
희망을 씨처럼 뿌리고
삶의 꽃처럼 피우자

소록도 축구단

그대들은 보았는가,
소록도의 피맺힌 외침을.

편견과 차별의 칼바람에 문신 찍힌 민들레가
전국 체전 출전을 위해
세월의 상처 스며든 녹동 부두
홀씨로 날아든다.

경찰은 총칼로 출전을 막고
숙박소들은 문을 닫고 거절했다.
결승전 상대팀도
한센환자와의 시합을 거절했다.
그러나
신과 함께 빚은 위대한 역사
하늘의 천사들의 사랑의 빛으로
결승전은 열렸다.

"이리 모여라,
울지 마라 눈물을 아껴라,
지금, 여기에
세상에서 가장 고운 햇살이
우리들을 향하여 비추고 있다."

이겨야 한다,
이겨야 한다.
발가락이 떨어져 없다.
손가락도 떨어져 없다.
솜을 꾹꾹 눌러 축구화 속에 쳐박고
2000년의 한을 차다.

"만일, 이 경기에 패하면
나와 너희들은
소록도 앞바다의 물귀신이 되자."

우리들은 공을 차러 온 것이 아니다.
빼앗긴 자유와 인권을 찾으러 왔다.
이 경기에 땀과 피의 몸을 던질 때
우리들의 투혼이
이 세월을 진하게 채색하고
자유의 아름다운 꽃이 피리라.
해맑은 소록도의 영혼들이
흰나비가 되어
맑은 햇살 아래 나풀나풀
춤추며 노래하리라.

* 1962년 8월 전국체육대회 대표선발 축구경기에서 소록도 축구단이 우승하여 전남 대표팀으로 출전함.

2부

소록도 대학살

날파리 사냥꾼의 노래

— 소록도 대학살 · 1

조국의 독립의 기쁨을 나누며
잘 살아보자던 타협안은 어떻게 하고
총알로 입을 막으려 하는가.
회의에 참석차 미리 올라온 50명의 간부들은
영문도 모르는 채 비명 한 마디 못 지르고
총에 칼에 죽어갔다.
누가 총알 앞에 반항할 것인가,
날파리 죽이는 기분이다.
오순재 일파의 만행은
총소리에 놀라 허둥지둥 도망치는 간부들을
뒤쫓아가 닥치는 대로 찌르고 쏘고
모래구덩이에 송탄유 뿌리고 생매장한다.
송희갑 일파의 만행은
숨은 환자들을 이잡듯이 수색하고
그 자리에서 살해하고
벌교 항구에서 환자식량 콩을 싣고 오는 배
녹동 앞바다에서 환자건설대원 20명을 무참히 살해한다
오호 통재라 살인의 광란 바다가 삼킨 비명의 소리.

인간 사냥

— 소록도 대학살 · 2

"하늘이여 눈을 가리셨습니까?
땅이여 귀를 막으셨습니까?"

호소할 곳 없는 이 억울함
때는 1945년 8월 15일,
일본이 패망하고
놓고간 환자들의 식량, 의약품, 생필품
이 재물을 갈취하기 위해
악마의 화신으로 변한
오순재 송희갑 직원 일당이
재산을 사수하려는 환자 대표 90명의 리스트를 작성,
녹동 및 고흥의 자치 치안대원들을 불러들여
6개 부락으로 흩어져 날파리를 죽이듯
인간사냥에 나선다.
대항하는 사람은 그 자리에서
마구 찌르고 가르고 무참히 살해한다.
모래사장에는 큰 웅덩이 파놓고
산 사람, 죽은 사람 구별없이 웅덩이 속에

쑤셔 넣고 송탄유를 뿌리고 생화장한다.
녹동 앞바다에서는 콩을 싣고 오는 건설대원들이
영문도 모르는 채 선상에서 학살당한다.

이 전율의 공포분위기는 몇 날 동안
신음소리 비명소리 시체 타는 냄새가
코를 찌르고 하늘을 찔렀다.
낮에는 검은 연기가 소록도 하늘을 덮고
밤에는 불기둥이 하늘을 붉게 물들였다.

그때 그 자리에

— 소록도 대학살 · 3

역사의 광풍 속에서
비탄의 역사를 뿌리에 깊이 간직하고
평온한 자세로 그 때 그 자리에 우뚝 서 있다.
일제가 잔인하게 체취해간 상혼
허리에 감추고
평온한 자세로 그 때 그 자리에 우뚝 서 있다.
적송 숲 옆 백사장 속에
송탄유 뿌려놓고 생화장한 유황지옥
그 때 그 자리에 평온한 자세로 우뚝 서 있다.
시체 타는 불기둥이 춘천하고
시체 타는 냄새가 코를 찌르고
신음소리 비명소리가 검은 연기로 타고
소록도 하늘을 뒤덮고 있다.
"적송아! 말해다오
너만이 알고 있는 인간사냥꾼들의 만행,
비탄의 역사를."

중앙리 백사장

— 소록도 대학살 · 4

비탄의 역사가
잔잔히 깔린 백사장에
황령(荒靈)의 푸른 파도가
살풀이 춤을 춘다.
비원의 향불에
검게 화상 입은 해송
송탄유 채취에
찍히고 할킨 상흔
움켜쥐고 60년 전
그때 그 자리에
평온한 자세로 누워 있다.
한의 날개를 달고 둥실둥실
떠나가는 구름은
구천에 맴도는 황령을 붙잡고
진혼의 파란 비로 뿌린다.

송탄유 화장

— 소록도 대학살 · 5

어찌
이 야만적인 만행이
하늘 아래 이루어질 수가 있으랴.
송탄유에 시체 타는 냄새가
하늘에 충천하고
낮에는 검은 연기가
소록도를 덮고
밤에는 불기둥이
남쪽해안을 붉게 물들인다.
오!
통재라
이 원통하고 억울함을
누구에게 하소연하랴.

이종기 환자 대표의 처형

— 소록도 대학살 · 6

이종기 대표가 붙잡혀 온다.
기만(幾萬)의 황령(荒靈)의 파도가
제몸을 던지며 통곡한다.
일정시대의 노예,
선창의 슬픔
마치기 전에
생화장 장으로 변한 만행의 선창
지나는 구름도
걸음을 멈추고
하얀 눈물을 뿌린다.

발가벗은 해송

— 소록도 대학살 · 7

잔인한 역사 속에서
뭉게뭉게 피어오르는
비애의 향기가
잔잔히 깔린
작은 사슴섬의 백사장

발가벗은 해송은
박해의 녹슨 도끼에
갈기갈기 찢긴
송탄유(松炭油)의 눈물

망각의 저편에
인간의 중심을 묻어놓고
편견의 파란 칼날에
산산이 부서진 파도가
상혼을 끌어안고 우네.

바다가 삼킨 비명소리

— 소록도 대학살 · 8

8 · 15 해방소식도 모르는 채
벌교 항구에서
콩을 싣고 온
건설대원 20명.
녹동 앞바다에서
공포를 쏘며 정선시킨
치안 자치대원들이
건설대원들을 일렬로 세워놓고
사정없이 무차별 살해한다.
선상은 삽시간에
유황불 지옥으로 변한다.
콩가마니는 피를 토하고
푸른 바다는 피에 물들은
처절한 파도만 나부낀다.
선상은 아비규환의 생지옥
광란은 끝나지 않고
바다로 뛰어든 자들
사정없이 사냥한다.

아!
천인공노할 만행이요
영문도 모르는 채

비명도 못다 지르고
죽어가는 참극.
“아, 신이시여
이 원통함이 소록도에 있었나이다.”

영혼들의 아우성

— 소록도 대학살 · 9

하늘이여 땅이여
피에 굶주린 이리떼인가
악마의 화신들인가.
하늘도 눈 가리고
땅도 귀를 막았나요?
소록도 푸른 하늘엔
생화장 생지옥의 검은 연기가
비절한 비명소리 신음소리로
하늘에 흩어지고
송탄유에 사람 타는 냄새
하늘을 지나가는
구름을 붙잡는다.
삽시간에 유황 불지옥
죽음의 도가니로 변한
작은 사슴섬의 백사장은
죽은 영혼들의 아우성인 듯
처절하게 들려오는
파도소리만이 슬프다.

애한(哀恨)의 추모비 · 1

역사의 희생자들이여
무엇을 생각하며
무엇을 부르짖으며
죽어갔는가.

이제
외치던 그들은
아무도 존재하지 않는다.

다만
피에 물든,
애한의 추모비를 읽는
우리들만이
이렇게 존재한다.

오가는 사람들이여
오늘도 눈비 맞으며
수백 넋의 붉은 파도가

중앙리 백사장에
흐느끼고 있다.

다 함께
명복을 빌어라
이들이 남기고 간
슬픔의 발자국을 다시는
되풀이 하지 않도록.

애한(哀恨)의 추모비 · 2

한령(恨靈)의 피의 파도가
돛대도 아니 달고
배를 띄운다.

애한(哀恨)의 잿빛 구름이여
한의 날개를 달고
누가 너희들과 같이
여행하고 있는가.

인간의 의미
역사의 의미
그 죽음의 의미를 품고
구천을 떠돌고 있는가.

역사 속에서
당신들이
어떻게 죽어갔는가를
추모비에 새기고
타오르는 향불로 전한다.

3부

빅토리섬의 대학살

빅토리섬의 붉은 파도

땅에서 쫓겨난 한(恨)
땅에서 살아보려는 원(願)
빅토리섬을 개간해서 뿌리를 내려보려는 꿈이
경찰 앞에선 환자편인 척하고
뒤에서는 주민들과 밀착하여
환자들의 개간 정착을 방해한다.
타협이 결렬되자
섬주민 200명과 응원대원 300명이 합세하여
1958. 8. 15 녹색바람 부는 안개낀 새벽에
낫, 곡괭이, 죽창, 몸둥이 돌 등으로 무장한 살인마가
기습 공격해온다.
천막 속에 갇힌 노란민들레 100송이
낫에 찍히고 죽창에 찔리고 몽둥이에 맞고
돌에 맞고 석유기름 불에 타 70명이 중부상하고
20명의 민들레가 푸른 파도에 사라진다.
아! 하늘이여,
HanSen이라는 병명 하나 때문에
개주검을 당하는 서러움,
누구에게 하소연하랴.

빅토리섬의 한숨

— 빅토리섬의 대학살 · 1

서포항(西浦港) 하늘의 먹구름이
우레와 번갯불로
비토리(飛兎里)섬의 잔물결을 흔든다.
일어서
제몸을 던지며 밀려오는 물결에
사탄의 붉은 군졸을 싣고
밀려가는 물살에 승리의 피를 뿌린다.
녹색 꿈꾸는 희망의 땅 빅토리섬
초록의 신선함이 내뿜는
깨끗한 새벽에
해귀(海鬼)가 뿜어낸 입김이 지옥의 문을 열고
돌과 낫 죽창으로 날벼락을 친다.
돌에 맞아 한 송이
죽창에 찔려 한 송이
지순한 꿈 펼쳐 보지 못하고
낙엽처럼 떨어지는
하얀 민들레 스물여섯 송이
푸른 하늘에 두 손을 높이 들고

구원의 노래 부르며
푸른 파도 속으로 사라진다.

빅토리섬의 청춘

— 빅토리섬의 대학살 · 2

오! 통재라
이 억울함을 누구에게 하소연하랴.
땅에서 살아 보려는 원(願)
인간 마을에서 살아보려는 바람 때문에
소록도와 애양원을 떠난 개척단원들
빅토리섬을 개간한다.
때는 1958년 8월 18일
개간 정책을 반대하는 주민 500명
악마의 화신으로 변하고
일제히 투석과 고함을 지르며
죽창, 곡괭이 낫으로 무장하고 달려든다.
수에 몰린 건설대원 100명은
천막 속으로 피신한다.
천막에 갇힌 사람들을 곡괭이 죽창 낫으로
찌르고 가르고 무차별 살해한다.
석유를 뿌리고 생화장한다.
뛰쳐나오면 죽창으로 찔러 죽인다.
빅토리섬의 푸른 대지는 피로 물들고
비명소리가 흘러가는 구름을 멈춘다.
개죽음 당한 26명의 아까운 청춘
70명의 중환자들의 신음소리가 파도친다.
하늘이여 눈을 가리셨나요,

땅이여 귀를 막으셨나요,

신이시여 우리들을 구해주소서.

사탄의 군단

— 빅토리섬의 대학살 · 3

전쟁이 아니올씨다.
서해안(西海岸)을 떠난 300여 명의 사탄의 군단이
죽창과 곡괭이 낫으로 무장하고
빅토리섬의
주민 200여 명과 합동으로
광기의 노도같이 투석을 한다.
고향을 만들려
둥지를 틀고 행복해 보려고
소록도와 애양원을 떠나
섬을 개간하던 민들레 100여 송이가
사탄 군단의 죽창과 곡괭이에 찔려
한 송이 두 송이 쓰러져
개척지에 붉은 피로 한을 그린다.
어처구니없이 죽어간 26송이 은빛 민들레가
푸른 하늘 유영하는 구름에 그려 놓은
1952년 8월 18일
아!
하늘이여 땅이여

병이란 이름 하나로
이럴 수 있는가.

빅토리섬

— 빅토리섬 대학살 · 4

아! 비절통절한
빅토리 학살 만행이여
이 억울한 죽음 앞에
통분하지 않을 사람 있으랴.
살기 등등한 폭도들은
피에 굶주린 이리떼처럼 달려와
사정없이 대창, 몽둥이, 곡괭이, 자루 낫으로
난타한다.
천막으로 쫓겨든다.
악마의 화신들은 준비해온 기름을 붓고
불을 지른다.
천막 안은 삽시간에 죽음의 도가니로 변한다.
밖으로 뛰쳐나오는 환자는 대창에 찔려
비절한 비명 소리만 솟는
연기와 함께
푸른 하늘에 흩어진다.
신음소리 울부짖는 소리
파도치는

바다 바람 소리는
죽은 영혼들의 아우성인 듯
처절하게 들려온다.

지나가는 구름도
걸음을 멈추고 파란 비로 내린다.

4부

오미도 간척지의 비운

오마도 개척단가

1. 태양도 이글이글 솟아오른다
대지를 굽어보며 하늘을 향해
물불을 가릴쏘냐 복지건설에
새터전 서광빛을 맞이하면서
2. 보아라 넓은 대지 가슴 벅찬다
죄없이 짊어졌던 십자가 벗고
심혈을 기울이자 모두 낙이다
내가 살 복지건설 우리 힘으로
3. 노래하자 정착지 우리의 터전
자립 갱생 새 역사 창조해가는
우리들은 뭉쳤다 개척의 용사
새 역사 수립하자 우리 힘으로
4. 어둠도 태양처럼 살려버리자
우리는 넓은 대지 정착지에서
이제야 눈을 감고 죽어도 좋은
염원의 정착사업 이 몸을 바쳐

* 오마도 개척공사에 사기진작을 위해 오마도 개척단가를 원생들을 대상으로 현상모집했다. 신생리, "김한규"가 입선되었다.

그대들의 땅

한 하 운

문둥이가
문둥이들이.

배에 돌을 실어서
바다에 돌을 던져서

풍양(豊穰) 곶(串)과 오마도(五馬島)를 이어
도양(道陽) 곶(串)을 둑 쌓아서

바다와
바닷물을 밀어낸

바다 330만평 해면이
육지 330만평의 5만석 옥토(沃土)가 된

이 간척지는
이 나라 영토(領土)를, 지도를 확장한
대붕(大鵬)의 뜻

문둥이가
땅에서 못 살고 쫓겨난 한(恨)은
땅에서 살아보려는 원(願)은

살아보지 못한 땅을 만들어
나라 사랑의
마지막으로 바치는 영원한 보국(報國)

살아서 마지막으로 확대된 이름을 씻어
사람 구실하는

오, 영광(榮光)의 땅
햇빛 가득한 오마(五馬)의 땅이여
어둠에서 빛나는 햇빛이여

* 조창원 박사가 오마도 대역사를 추진할 때, 한하운 시인이 감격하여 소록도 현장에서 직접 써준 시로, 미발표 유고작이다.

봄은 오는가

— 오마도 · 1

당신들의 천국에도 봄은 찾아오는가.
땅에서 쫓겨나
한의 땅에서 살아 보려는 원은
사람 대접 받아 보려는 희망은
바다에 돌을 던져
바다와 바닷물을 몰아낸
옥토 330만평의 영광의 땅.
이 간척지는
나라의 영토를 확장한
우리들의 땅.
땅에서 살아 보시 못한 한을 모아
나라 사랑의 마지막으로 바치는
영원한 보국(報國)이
군정의 제물이 되어 없어졌다.
거꾸로 돌아가는 세상에
소록도의 사계가
25시의 종을 울린다.

당신들의 천국

— 오마도 · 2

슬픈 영혼 잠든 소록도에는
비탄의 눈물 파도에 반짝이고
한으로 부푼 가슴
기도로 잠재우며
신의 섭리 따르리라 맹세한다.

분명히 고향은 있었다.
그러나
뿌리박은 산하는 없다.
살아서 마지막으로
내 땅에 둥지 틀고
학대(鶴帶) 띤 이름으로
사람구실 하려고
신이 주신 위대한 선물
오마도로 간다.

한의 영혼 담긴 돌 하나 흙 한 삽
요동치는 파도 위에 던져
버섯같이 솟아오르는 영광의 땅
어둠에서 빛나는 우리들의 산하
햇빛 가득한 오마도의 땅이요
천령(天靈)이 주신 신의 땅이요

맑은 신천지에서
내 영혼의 한을 잠재우고
떨어져 나간 손가락 살며시 맞추어보며
당신들의 천국*을 본다.

* 이청준 작가의 소설 제목, 조창원 박사를 주인공으로, 오마도 간척 사업을 소재로 하였음.

오마도 개척가

— 오마도 · 3

석양이 붉은 번뇌를 거두어 가면
소록도는
하얀 안개 이불 포근히 덮고
녹색 꿈을 꾼다.

아름다움과 환상이 구별되지 않는
밝아오는 여명이
잿빛을 지우며
도둑맞은 오마도의 분통이
동구 밖 미루나무
가지 사이로 폭우처럼
쏟아졌다 사라진다.

시간의 뒤로 숨어
세상에 나부끼는
상처받은 오마도의 노래는
고장난 라디오에서 들리는 잡음이던가,
사람 대접받지 못하는

민들레의 한
푸른 하늘에
오마도 개척가로 달랜다.

봄 하늘

— 오마도 · 4

잿빛 하늘을 유영하는 오마도 수심가
얼마나 더 오랜 세월 울어야
민들레의 울음소리 들을 수 있을까

듣거라 민들레야!
구속에서 벗어나 자유로움과
영원한 방랑자 구름 속에 박혀 있다

밀물의 파도가 황혼(黃昏)의 모래 위에
하나 둘씩 쓰러져 간다
얼마나 더 쓰러져야
사람 대접 받을 수 있을까

문득 허공에 머물렀다 나는 갈매기야
얼마나 더 날아야
오마도 백사장에
날개를 내릴 수 있을까

우레를 동반한 편견의 흙바람아
얼마나 더 그 바람 맞아야
작은 사슴 섬에
영원한 봄이 찾아올까

오마도에 뿌린 우리들의 피를 말리지 마소서

— 오마도 · 5

방조제에 하얗게 피어난 배비꽃은
소록도의 영화(靈花)
오마도는 제단처럼 슬프고 찬란한데
내 변두리는 묘지 같은 공허 속에 맴돌고
억새풀만이 하얀 세월로 서서
이별보다 서러운 몸짓으로 인사한다.

긴 둑 위로 무겁게 흘러내리는
온갖 안개 같은 추억이
가슴에 용해되어 올라와
한입 말라버린 내 영혼을 울린다.

헌 걸레같이 살다
헌신짝같이 버려지는 인생인데
사람대접 받아보려고
고향의 땅을 만들어 보려고
떨어져나간 마지막 손가락에
희망의 나래를 펼쳐보았지만

군정(軍政) 나팔소리에 부러진 날개
아! 신이여,
오마도에 뿌린 우리들의 피를
말리지 마소서.

수심가(愁心歌)

— 오마도 · 6

밀물의 파도가 제 몸을 던지며
황혼(黃昏)의 모래 위에
하나 둘씩 쓰러진다
밀려오는 물결에 그리움이 사라지고
밀려가는 물결에 그리움이 죽어간다
얼마나 더 쓰러져야 더 쓰러져야
사람대접 받을 수 있을까

문득문득 허공에 머물렀다
날아가는 갈매기야
얼마나 더 높이 날아야
꿈과 희망을 간직한
오마도 백사장에
평화의 날개를 내릴 수 있을까

우레와 번개를 동반한
편견의 먹구름아
얼마나 더
그 비바람 맞아야
작은 사슴섬에
영원한 봄이 찾아올까

구름 따라 유영하는 오마도 수심가(愁心歌)야
얼마나 더
오랜 세월 구슬픈 가락을 읊어야
민들레의 울음소리
들을 수 있을까

빼앗긴 영혼의 고향

— 오마도 · 7

동구밖 당산나무 꼭대기에 앉아
기쁜 소식 산울림에 뛰고
나그네 길잡이
사랑 받는 까치,
감 도둑으로 쫓겨나
빈 둥지만 초생달에
매달려 있네

감밭에는
감나무마다 한두 알씩
까치밥
남겨놓고
까치 까치 설날은 어저께고요
우리 우리 설날은 오늘이래요

빼앗긴 영혼의 땅에
불러주는
군정(軍政)의 노래

오마도 요리사들의 최후

— 오마도 · 8

작은 사슴섬의
피 맺힌 한의 기도소리가
기압골을 타고
태풍의 눈을 만들고
세찬 비바람을 몰아 안고
오마도 요리사 빙의족(憑依族)을 덮친다

한 놈 두 놈
똥파리 새끼마냥
비틀거리며 빙빙 돌다 쓰러진다
때는 1979년 10월 26일
찌리링~ 찌리링~
탄광촌의 여명을 지우는
마지막 새벽 별빛이 전하는
하늘의 말씀
"여보세요… 원장님… 저 소록도 박종일 통장입니다.
원장님, 하느님께서 우리들의 기도를 받아주셨습니다.
원장님, 원수들이 하느님 앞으로 끌려가고 있습니다."

5부

혼자 부르는 소록도 노래

구름

— 혼자 부르는 소록도 노래 · 1

등실등실 유영하는
영원한 방랑자
너만이 나의 벗이 되어
자유로운 영혼을 찾아
인간의 소외와 고독을 노래한다
서로의 향기로

고향

— 혼자 부르는 소록도 노래 · 2

영혼의 고향은 있었다.
가슴에 자리잡은
추억이 그리워
자비의 고향일까, 찾아갔건만
개가 짖는다.
나를 쫓는다.
"어머님,
뵙지 못하고 돌아서는
불효자식 용서하소서! "
서러워 발길 돌려 눈물 삼키며
앞동산에 올라
눈물 사이로 내려다본다.
"아!
연꽃 만나고 사라지는 바람이요
구속에서 벗어난
자유로움입니다."

노을

— 혼자 부르는 소록도 노래 · 3

하루의 수심(愁心)이 떨어진다.
어둠이 내리면
어김없이 찾아드는 노을,
구라선(救癩船)의 한과 원(怨)을
불태우며
황령(慌靈)의 파도 속으로 떨어진다.
해는
어느 시인이 흘리는 눈물처럼
갯벌에 원한의 자국 남기고
오늘과 다른 내일
여명의 채색을 찾아서
비탄의 바다로 떨어진다.
떨어진다.

푸른 파도

— 혼자 부르는 소록도 노래 · 4

방랑의 여로를 다한 배가
원한(怨恨)의 섬
소록도에 닻을 내린다.
삶의 바다에는
축복이란 섬들이
미소짓고 있지만
편견과 저주가 뿌리 박힌
비탄의 미소는
푸른 허공 속으로 사라지고
세파에 시달린 영혼들의 슬픈 노래가
자유로운 영혼을 향해
푸른 파도에 몸을 푼다.

소록도의 동백

— 혼자 부르는 소록도 노래 · 5

동박새 한 마리가
선연한 새벽안개 가르며
바람 타고 날아와
열매 맺지 못하는
송이 송이에
처량한 노래로
봄을 부른다

상처 받아
주눅 든 수난의 긴 세월
흐름에 지친 세상
하늘 아래 누워
동박새와 같이 불러보는
소록도의 동백아가씨

추억

— 혼자 부르는 소록도 노래 · 6

팔려가는 송아지가 아니올씨다.
인간사냥에 손이 묶여
황톳길 먼지를 뒤집어쓰고
남해의 고도 저주의 섬,
황령(荒靈)의 푸른 파도에 눈뜬
제비 선창가에는
해송이 벌거벗고
분통의 노래 날린다.
병정같이 길게 늘어선 나팔꽃들은
푸른 하늘 밝은 태양을 향해
붉은 나팔과 파란 나팔로
장송곡을 연주한다.
하얀 세상에서
청산을 넘나드는 한 마리 나비가 되어
뜨거운 입맞춤으로 너의 영혼
건져내려 한다.

구라선(救癩船)

— 혼자 부르는 소록도 노래 · 7

석양에 지는 붉은 태양은
상처받은 영혼들의 피로
붉게 물들고
슬픔과 좌절의 울분을 안고
서서히
수평선 넘어
새로운 세상의 채색 속으로 떨어진다.
푸른 천년의 바다는 붉은 노을의
핏빛 수민(愁悶)의 파도에 울고
상처만 남기고 떠나가는
구라선(救癩船)이
애잔하고 허허롭구나.

천년의 슬픔

— 혼자 부르는 소록도 노래 · 8

바람 따라 흐르는
방랑의 여로는
주눅 들은 수난의 자국을 남기고
불안한 기억을 모은다.

소록도,
푸른 파도를 앞세워
달려드는 바람,
가슴 안으로 들어와
번뇌를 부수고 찢어 버린다.

하늘 가득 머리를 풀고
울고 웃는 빗줄기들
상처 받은 영혼으로부터 나오는
천년의 슬픔을 본다.

돌아갈 곳이 없는 공간에서
고독으로 살지라도

서로가 빈 마음으로 사랑하며
따스한 언어로 부르는 노래
소록도 노란 민들레꽃
홀씨로 날리는 사랑이여!

기도

— 혼자 부르는 소록도 노래 · 9

아베마리아,
은덕이 넘치시는
거룩하신 성모님이시여
기도드립니다.

세상의 편견과 차별의 칼바람에
쓰라린 가슴을 움켜쥐고
번민과 눈물로 지내는 어린 양들을
구원하여 주시옵소서,
인도하여 주시옵소서.

별빛도 잠드는
적막한 고려장지(高麗葬地)의
고요한 밤
어둠 속에서 방황하는
처량한 양떼들을 보살피소서.

성모마리아여!

이 몸이 다할 때까지
그들의 손과 발이 되겠나이다.
굽어 살피시어
남은 불꽃을 피워 주소서.

슬픈 노래

— 혼자 부르는 소록도 노래 · 10

한 폭의 산수화가 피어나는
시간 뒤에 숨어서
상처받은 영혼들의
슬픈 노래로
여로의 고독을 달랜다.

세상과는 거꾸로 살아가는
천사들이 반긴다.
벌거벗은 해송(海松) 가지에 매달린
명상의 공간에서
한과 사랑과 고통을 날려 보낸다.

푸른 허공에 뜬
따뜻한 영혼.
"피가 통하는 인간으로 돌아오라! "
절규하는 파장이
여린 심금을 흔든다.

명패(名牌)

— 혼자 부르는 소록도 노래 · 11

고려의 흙바람이
비탄의 파도를 넘어
한의 땅
고려장지(高麗葬地) 소록도에 몰려온다.

세파에 시달리다
부세(浮世)에 묻고 가신
영혼들,
텅 빈 묘실에는
지난 세월의 슬픈 조가(弔歌)

해송가지 사이에 매달린
찬연한 명패에는 향연만 자욱한데
고난의 역사에 묻힌 눈물들.

작은 섬들이 미소 짓고 있지만
넓은 바다 유적지(流謫地)
작은 사슴섬에는
파란 생명이 보슬비로 내린다.

가을의 소야곡

— 혼자 부르는 소록도 노래 · 12

조락의 계절인데도
나뭇잎이 정겹고 소담스럽다.
신록의 계절에는
향기로 우거지던 녹엽이
어느새 쇠락에 이르러
힘없이 떨어진다.
가을은 소야곡일까,
애잔하고 허허롭구나.
인생의 가을에 지는 잎은
빈 가슴에
상처만 남기고 떠나간다.
어제 보이던 사람이 보이지 아니할 때
아, 우리 모두
존재론적 충격에 눈물 흘린다.
태어난 순서는 있어도
떠나는 순서는 없는 것.
우리 모두
오늘을 영원처럼 반기며

숨쉬고 있음에 감사하며
즐거워할 일이다.

바람

— 혼자 부르는 소록도 노래 · 13

남해에 뜬 신비의 섬들
서로가 다른 사연에
희망의 미소짓고
밀려오는 바람
출렁이는 파도에
서로가 같은 언어로 노래부른다.
잔인한 역사 속에
육신도 영혼도
만신창이 피곤한 사슴섬
서로가 다른 언어로 고립되어
순간을 스쳐가는 바람에
한의 눈물을 뿌린다.

나비

— 혼자 부르는 소록도 노래 · 14

흘러간 세월의 황령(荒靈)을
파란 그물로 거두어 버리고
바가지같이
텅 빈 뇌속에
하얀 하늘에서
너풀너풀 날아온 나비가
조각난 영상을 묻어놓고
하늘에 그림을 그리며
영혼이 사라진
영상의 노래를 부른다.
손가락으로 장단 맞추며
눈으로 따라 부르는
소록도의 갈색 노래는
가슴속 하늘을 적신다.

소록도 민들레

— 혼자 부르는 소록도 노래 · 15

전생에
무슨 죄로
비탄의 땅에
홀씨로 날아와
길가에 뿌리내려
밟혀만 사는가.

한평생 꺾이는 아픔

큰소리 한번
쳐보지 못하고
한의 서러움
깃들이고 있는
파도만이
울고 있네

각설이 타령

— 혼자 부르는 소록도 노래 · 16

한센병이라는 꼬리표가
비탄의 향기로
잔잔히 깔린
세월의 비늘 조각을 헤아리며
아픔의 상처를 매어보는
각설이 타령의 노래가
역사의 상흔을 끌어안고
황홀한 이 밤
허공을 가른다.

소록도의 별

— 혼자 부르는 소록도 노래 · 17

사슴섬의 광풍 속에서
벌어진 역사
순간 속의 영혼을 붙잡는다.
산산이 부서지는 하얀 파도가
한알의 모래 속에서
비극으로 점철된
세계를 보며
어제라는 술래 위에
오늘의 한원(恨怨)을 흘려보낸다.
소외된 별
가슴 아픈 역사 속에서
파란 천국을 본다.

소록도의 번뇌

— 혼자 부르는 소록도 노래 · 18

소록도의 번뇌가
비탄의 푸른 파도를 타고
울고 있다.
물새 알 하나 나지 않는
지각에서 쫓겨난
작은 사슴섬.
원(怨)과 한(恨)의 붉은 파도에
외로이 홀로 앉아
상처 받은 영혼에서
흘러나오는
설움의 노래를
수평선 너머
가만히 쓰러져가는
뱃고동소리에 띄운다.

납골탑

— 혼자 부르는 소록도 노래 · 19

한센 환자가
고된 인생을 살다 죽으면
한센 환자들 속에 화장되어
한 줌의 재가 되어서
저 납골탑 속에 저장된다.
저 탑은 소록도 인생의 종착역,
소록도 사람들은 늦거나 빠르거나
저 탑에 흡수되어
그 속에서 영원히 울며 헤맬 것이다.
저 납골탑은
죽은 영혼도 고향에 가지 못하게
가두어 두는 미물탑이다.
그리고 지금의 젊의 미감아
그 꽃같은 사루비아 속에
아가들도
저 괴물탑 속에 저장될 것이다.
저 탑은
알지 못할 괴물탑이다.

낙엽

— 혼자 부르는 소록도 노래 · 20

한해의 푸름을 다 살고
대지로 돌아가는
마지막 잎새
아쉬움에 남은 정열 모두
빨갛게 태워놓고
온 세상을 노을로 뒤덮는다

소리없이 깊어가는 밤
이 몸 한 잎의 낙엽이 되어
그대 허허한 영혼 메워주고
가슴에 박힌 상처
소록도의 갈색 노래는
우수수 떨어지는 바람에 날린다.

허전한 공간

— 혼자 부르는 소록도 노래 · 21

계절의 슬픔에
흔적도 없이 지나가는
무상한 세월아
설익은 목동의 피리소리에
불안한 기억이 찾아들어
사라진 영혼을 울린다.
서리까마귀 우짖고
자나가는 허공 속에
새겨놓은 내 사랑이여,
다시는 돌아올 수 없는
그 날의 시간들이여,
소박한 하얀 박꽃으로 피어나
영혼의 향기로
내 꿈을 적시게 하라.

절창에 홀로 앉아

— 혼자 부르는 소록도 노래 · 22

나 혼자만이 불러대는
푸른 노래에는
환우들의 낙원이 숨쉰다

휘어진 허리
기역자로 엎어놓고
오리걸음으로 걸어나와
머리를 푼다

흘러간 한의 세월
물안개 눈물로 더듬어서 그려보는
파란 생명의 비
병실 돌담에 껌벅이는
늙은 프라타너스의 은빛 초록 가지엔
매미들의 노래가
소록도에 영혼의 사랑을 만든다
푸른 초원의 벽을 깨운다

편지

— 혼자 부르는 소록도 노래 · 23

푸른 황령(荒靈)의 파도를 넘어
남해의 작은 섬에
홀씨로 날아와 뿌리내린
은빛 민들레가
돌아갈 곳 없는,
마감되지 않은 공간에서
고독으로 살지라도
갯비린내 안고
나만의 말
모든 따스한 언어로
부칠 곳 없는
녹색 편지를 쓴다.
어제처럼 길게 써서
슬픔을 달래고
사랑 찾은 여정에서
장미빛 인생으로 노래한다.

어머니의 종이배

— 혼자 부르는 소록도 노래 · 24

어머님이 이고 오신
길의 세월은
한 맺혀 주눅 든 수난의 여정

별을 보고
호미 쥐고
해를 보고
괭이 들고

파란 인생을
논밭에 심어놓고
고뇌에 녹슨
한의 세월

흐르는 시냇물에 띄워 보내고
허공 속에 묻힌
삶의 이야기
종이배 타고 부르는 노래

■ 발문

의료인의 소명의식과 예술가 기질

— 五馬 조창원 박사의 진면목을 찾아서

리 헌 석

(대전문인협회 회장)

1. 인연의 실마리를 따라

오마(五馬) 조창원 박사님과의 인연은 1990년대 중반에 지역 신문이 맺어주었다. 평범한 사람과의 인연도 소중한 것이지만, 특별한 분과의 만남은 바로 축복이라 하겠다. 의료의 외곽지대에서 살신성인하고 있는 분, 다시 말하면, 의료계의 상록수와 같은 분을 만난 것은 형언할 수 없이 고마운 일이었다.

지역 일간 신문에 작은 칼럼을 연재하고 있을 때였다. 그 신문에 '규폐환자의 시바이처'라는 조 박사님 기사가 나오고, 며칠 후에는 그 분의 수필이 실렸다. 그 수필은 규폐환자에 대한 것이었다. 광산에서 광부로 일하다가 병을 얻은 환자들의 애환이 담겨 있었다.

규폐환자는 중석을 채광(採鑛)하던 사람들에게서 나타나는데, 탄광이나 금광에서 일한 근로자에게서도 부분적으로 나타난다고 한다. 광산의 미세한 먼지가 호흡을 통해 몸으로 흡입된다. 눈으로 볼 수도 없는 작은 입자들이 폐에 달라붙게 되고, 오랜 기간 축적되면 고칠 수 없는 난치병이 되고 만다. 그러한 환자들을 돌보는 의사로서의 애환을 간결한 문체로 그려낸 글이었다.

신문사를 통해 서로 연락처를 알게 되어, 대전에 소재한 유성 선병원으로 찾아가게 되었고, 그 이후 자주 만나면서 그의 훌륭한 정신세계에 감탄하게 되었다.

병원으로 초대받아 갔더니, 우리가 생각하고 있는 의사의 모습이 아니고, 여느 집안 어른처럼 환자들과 자연스럽게 어울리고 있었다.

"야아 야! 밥 먹었어?"

고향인 평안도 투박한 사투리 억양이지만, 환자를 걱정하는 눈빛이 따사로웠다.

"예, 먹었시유."

"밥, 잘 먹으라우. 그래야 오래 산다."

"예, 알았시유."

그는 환자의 어깨를 툭툭 치면서 스쳐 지나간다. 계단 밖에서 조리하던 환자 가족들이 일어서며 인사를 한다. 그들에게도 집안 어른처럼 이르신다.

"환자들, 잘 멕여야 해! 알간?"

"예, 알았어요."

그는 환자와 가족들에게 절대적인 우상이었다. 다른 병원에 흩어져 있던 환자들이 그를 찾아 대전 유성에 있는 '선병원'을 찾아온 것은 순전히 그만의 진정어린 환자사랑에 기인한다.

그가 대전 선병원을 떠나 밀양으로 전근을 가게 되었을 때, 환자들도 그를 따라 대부분 밀양의 병원으로 옮긴 것을 보더라도, 그에 대한 환자들의 신뢰를 확인하게 된다.

조창원 박사님의 약력을 알면 환자들의 마음을 이해할 수 있다. 그는 서울대학교 의과대학을 졸업하고, 육군대령으로 군의감을 지냈다. 이후 국립소록도 병원장을 지내고, 결핵환자 전문 병원인 국립마산병원장을 지냈다. 이어 부산재활병원 원장을 지내고, 다시 국립소록도 병원장으로 취임하여 4년의 임기를 마쳤다. 이어 근로복지공사 장성병원 규폐센타 소장 및 원장으로 취임하고 정년퇴임한 후, 유성선병원 원장으로 근무하였다.

그는 나환자, 결핵환자, 규폐환자 등 사회에서 돌보지 않는 환자들만을 위해 평생을 바쳤다. 더 좋은 환경에서 사회적 명성을 쌓을 수도 있었으며, 더 많은 재물을 모을 수도 있었겠지만, 버려진 환자들을 위해 일생을 바치겠다는 순정으로 일관하였다.

이런 자세가 우리를 숙연하게 한다. 가치로운 일을 위해 자신을 돌보지 않는 살신성인(殺身成仁)은 아무나 실천할 수 있는 것이 아니다. 그래서 이 분 앞에서 우리는 고개를 숙이게 되고, 일어서서는 힘을 다해 박수를 치게 되는 것이다.

이렇게 훌륭한 분을 만나 삶과 예술에 대하여, 대화를 나눌 수 있는 것은 몇 겁을 윤회하면서 맺은 인연으로 생각한다. 그 인연에 감사하는 마음은 20여 년의 세월이 흐른 지금도 여여(如如)하다.

2. 조형의 빛과 어둠을 보며

조창원 박사님은 환자를 돌보는 틈틈이 숨겨진 재능을 계발하였다. 소록도 병원장으로 재직할 때, 섬의 곳곳에 지천으로 흩어져 있는 고사목을 다듬어서 [소록도 고사목근 공예전]을 국립공보관 제2전시실에서 갖기도 하였다.

이 작품들은 대부분 기증을 하였고, 몇 점 남은 작품들이 원장실에서 멋진 포즈를 취하고 있었다. 학의 모습을 한 것, 사자의 모습을 한 것, 그리고 이름 지을 수 없는 다양한 모습으로 자리를 지키고 있었다.

"저거이, 내레 소록도에서 맨들은 거야요."

그에게는 그 어떤 물건보다 더 가치로운 것들일 것이고, 다시 만들 수 없는 예술 작품에 대한 향수가 눈가에 어려 있는 듯하였다.

병원 옥상에 붙은 다락방과 복도는 그의 유화 작업실이었다. 벽마다 그림들로 가득하였다. 그러나, 이 그림들은 세상의 아름다움을 그린 것이 아니고, 정말 끔찍한 모습들을 하고 있었다.

소록도의 경치는 아름답지만, 손가락이 없는 환자의 손, 눈썹이 없는 미인의 얼굴, 매 맞고 쫓겨나는 환자들, 죽창에 찔려 죽는 개척단원, 죽은 영혼이 하늘의 부름을 받는 그림, 그들의 영혼을 위로하는 탑, 가족들과의 이별과 만남 등 일상에서 볼 수 없는 내용의 그림들이 가득하였다.

달마대사의 그림이 몇 점 있었지만, 이 역시 환자들의 극락왕생을 기원하는 발원(發願)을 담은 것이었다. 대부분의 그림이 소록도에서의 경험에 기초한 것이어서 무서운 생각이 들었던 것도 사실이다. 소록도에 근무하면서 겪은 일들을 하나하나 그림으로 되살려내고 있었다.

이 그림들은 1995년에 대전시민회관 1층 전시실에서 [소록도의 빛과 어둠]이란 제목으로 세상에 펼쳐졌다. 이 전시회는 그늘 속에 있던 한센병(나병, 문둥병, 현재는 한빛병)을 대중에게 보여주었다는 특별한 의미가 있다. 말로만 듣던 한센환자들에 대한 영상이 오랜 기간 기억될 수 있기 때문이다.

이 그림들은 1996년에 일본 동경에 있는 왕립 소속의 다카마츠미아기념관(한센병 재료관)에서 60점이나 되는 전 작품이 전시되었다. 일본의 신문과 방송에서는 전시회에 대한 기사를 기간 내내 보도하였다. 아무도 하지 않은 일, 그 어느 누구도 할 수 없는 일을 이루어낸 조창원 박사에 대한 기사가 줄을 이었다. 촌평에서부터 시작하여, 신문 전면을 할애하여 특별 전시를 조명하는 등, 그야말로 한 동안 일본 언론의 중심에 서 있기도 하였다.

이런 인연으로 작품 전체를 일본 왕립 기념관에 기증하여, 작품의 전시와 보관에 대한 모든 것을 위임하고 귀국하였다. 세계 역사에서 한센병을 주제로 한 60점 전시회는 이전에도 없었고, 앞으로도 보기 드문 전시였음에 틀림없다.

이어 그는 1997년부터 규폐환자에 대한 추억을 되살려 유화(油畵)로 승화시켰다. 탄광에서 일하는 근로자, 무너진 갱도에 갇힌 광부들, 사고로 숨진 영혼들에 대한 살풀이춤, 가족들의 비참한 생활 등을 그림으로 완성하여, 2000년 한국석탄회관에서 [검은 영혼들의 만남]이란 주제로 전시회를 가졌는데, 이 전시회에는 30여 점의 유화가 걸렸다.

이 작품들은 태백시에 있는 석탄박물관에서 2차 전시를 한 다음, 이 박물관에 전품을 기증하여 영구 전시 및 보관하게 되었다. 규폐센터 소장 겸 병원장으로 근무하면서 바라본 규폐환자, 그리고 정년퇴임한 이후에도 자신을 따라다니며 치료를 받는 환자들에 대한 사랑과 연민이 작품에 녹아 있었다.

그는 2000년 이후에 다시 소록도에 대한 뜨거운 응어리가 솟아올라, 못다 그린 소록도의 영상을 화폭에 살려 내고 있다. 그리하여 2005년 가을에 다시 소록도와 관련한 유화 전시회를 앞둔 채, 거친 숨을 고르고 있다.

3. 문학적 진실을 밝히기 위하여

오마(五馬) 조창원 박사님은 환자를 돌보면서, 그림을 그리고, 그 사이에 내면의 울림을 글로 써서 자신의 속내를 밝혔다. 신문이나 방송에 출연하여 의료인의 진실을 밝히고, 환자들에 대한 사랑을 숨기지 않았다.

오랜 기간에 발표한 글을 모아서 1998년에 수필집 [허허, 나이롱의사, 외길도 제 길인걸요]를 발간하여 언론의 집중 조명을 받는다. 대전 지역은 말할 것도 없고, 서울의 방송국에서도 병원으로 찾아와서 취재하여 30분짜리 영상물, 1시간짜리 영상물로 특집 편성을 하였으며, 뉴스 시간에도 여러 번 방영되었다.

어떤 사람들은 이 분이 왜 자신을 '나이롱 의사'라고 하였는지 꽤 궁금해 하였다. 그래서 직접 물어 본 적이 있는데, 돌아온 대답은 참 싱거운 것이었다.

"원장님, 왜 스스로 나이롱 의사라고 하십니까?"

그는 쑥스러워하면서도, 호탕하게 웃으며 말하였다.

"나는 평생 한센병 환자, 규폐환자처럼 고칠 수 없는 환자들을 치료하면서 살았시요. 우리 인류는 아직 한센병이나 결핵의 균을 죽일 수가 없시요. 번식만 못하게 막는 것이 우리 의사들이 할 일이야요. 그런데 이들은 약만 잘 먹고 밥만 잘 먹으면 낫는 병이기도 하지요."

"그러면 병을 고치기도 하시잖아요?"

"그런데, 규폐환자는 고칠 수가 없다 말이요! 폐에 붙어 있는 작은 가루를 하나하나 떼어낼 수가 없는 거야요. 그래서 그네들은 시름시름 앓다가 그냥 가는 거야요. 그네들이 죽어가는 것을 옆에서 바라보면서도 고칠 수 없는 의사가 바로 나란 말이야요. 그러니 내가 나이롱 의사 아니고 뭐갓시요?"

그 말을 듣고 고칠 수 없는 병을 안고 살아가는 환자들을 돌보아야 하는 원장님의 내면적 고통을 이해하게 되었다. 그렇게 이해를 하고, 바쁜 일상 속에서 세월을 보내던 어느 날, 원장님이 전화를 하였다.

"이회장님, 나 긴 글은 못 쓰갔시요."

"그럼 어떻게 하시게요. 원장님이 쓰실 글들은 다른 사람들이 쓸 수 없는 내용들이잖아요?"

"내가 시를 쓰면 안 되갓시요?"

"안 될 리가 있나요. 시를 쓰시거나, 수필을 쓰시거나, 그림을 그리시거나, 그런 것들은 표현의 도구일 뿐이지요. 긴 글을 쓰시기 어려우면 시를 쓰세요."

"알았시요. 한 20개 썼으니끼니, 한번 와서 보시라요."

그래서 점심을 같이 하면서 작품을 감상하게 되었다. 문학적 표현에 있어서는 약간 서툰 부분이 드러나고 있었지만, 그 속에 담겨 있는 내용은 다른 사람들이 쓸 수 없는 독자성을 지니고 있었다.

이렇게 만나면서 그의 작품은 점점 수준이 높아지고, 작품 수도 늘어나서 2002년에 시집 [소록도 민들레]를 발간하기에 이른다.

아버지가 날 버렸고
어머니도 날 버렸으니
세상도 날 버렸지요.

그러나 신께서 날 불렀습니다.
신 계신 곳 소록도는
날 때부터 실패한
영혼들의 고향입니다.

눈부신 태양은
웃음으로 내일의 희망을 주고
서러운 자비의 달은
모든 죄를 용서하며 비춥니다.

허무했던 상상의 나래
고독으로 피고
가슴에 숨은 혼자만의 사랑
우리들의 낙원을 위해
소록도의 파도는 눈물입니다.

-- 조창원 「소록도의 민들레」 전문

이 작품을 통해 환자들이 겪은 애한(哀恨)의 세월을 되짚어 보게 된다. 한센 환자들은 아버지, 어머니, 세상으로부터 버림을 받았지만 소록도에서는 환영을 받는다. 또한 세상에서는 손가락질을 받거나 돌팔매를 맞았지만, 소록도에서는 동등한 가운데 서로 사랑을 나누며 산다. 그러나 소록도에서 한 발짝만 나가도 무서운 차별이 따라다닌다. 때로는 환자의 생명을 위협하기도 한다. 그래서 환자들에게 있어 소록도와 육지를 가르는 바다의 파도는 환자들의 눈물과도 같은 것이다.

한번 길이 뚫리면 큰길이 되듯이, 몇 작품 시를 빚기 시작하더니, 속에 감추어 두었던 이야기들이 쏟아져 나와 수많은 작품들이 창작되었다. 그리하여 첫 시집 이후에 다시 쓴 소록도에 대한 작품, 소록도의 애환에 대한 대담, 그리고 소록도와 관련된 글을 모아 2003년에 시집 [소록도, 다시 부르는 연가]를 발간한다.

이후에도 소록도에 대한 작품 창작은 계속되었고, 또한 그림도 더 많이 완성되어 갔다. 그리하여, 2005년에는 팔순(八旬)을 맞아 유화 전시회와 함께 3시집 [소록도, 눈물의 노래]를 발간하기에 이른다. 그야말로 한센 환자, 규폐 환자들에 대한 지극지성의 표상이라 할 것이다.

4. 소록도 사람으로 영원히 남아

조창원 박사님은 영원한 소록도 사람으로 남기를 원한다. 소록도 옆에 있는 오마도(五馬島) 수십만 평을 개간하여 환자들의 낙원으로 만들려던 노력은 정치인들의 방해로 뜻을 이루지 못하고 말았지만, 그 분의 선구자적 노력은 역사 속에서 더욱 큰 빛을 발하고 있다.

한센 환자들이 오마도를 개간하는 일은 정말 무모한 일이었다. 손가락 없는 손으로 돌을 날랐고, 발가락이 떨어지는 가운데 손수레를 끌면서 바다를 막아 낙토(樂土)를 건설하는 일이다. 얼마나 많은 환자들이 다치고 죽어갔을까. 그러면서도 그들의 꿈을 이루기 위해 쉬지 않고 둑을 막았던 그들의 비원(悲願)은 아직도 섬 곳곳에 남아 있다.

이러한 대 역사를 계획하고 실천에 옮긴 주인공이 바로 조창원 박사님이다. 이 분을 주인공으로 하여 발간된, 이청준의 장편소설 [당신들의 천국]은 바로 오마도 개척사에 다름 아니다. 당시 소록도에 머물며 취재한 젊은 작가 이청준이 [당신들의 천국]을 완성하여 필생의 역작으로 평가받고 있다. 이 소설은 긴 세월이 흐른 지금까지 오마도 개척의 애환을 생생하게 증언하고 있다.

이 일로 조창원 박사님과 작가 이청준은 평생의 지기가 되었다. [당신들의 천국] 100쇄를 기념하여 두 분은 팬 사인회를 하기도 하였고, 이로 인해 언론의 여러 페이지를 장식하기도 하였다. 이런 인연으로 원장님은 아호를 오마(五馬)라 하였으니, 평생을 바쳐 이루고자 하는 지극(至極) 지성(至誠)의 극치라 하겠다.

그를 알게 되어 필자도 소록도에 가 보았다. 여러 사람 사이에 끼어 조용히 다녀왔다. 그때 쓴 작품이 있어 부족한 대로 소개하여 조창원 원장님에 대한 사랑을 밝히기로 한다.

소록도 단상
— 오마 조창원 원장님께

리헌석

소록도에서 만나는 사람들은
햇살을 나누고 있었습니다.
가슴에 머물던 업보의 그늘마저
햇살 속에 녹았나 봅니다.
지천으로 민들레꽃이 피고
때로는 바람에 꽃씨가 날립니다.
꽃씨는 기도소리로 흩어지고
꽃씨는 독경소리로 흩어지고

이제 햇살이 환한 꽃동산에서
어두웠던 시절을 잊고 살지만
그 곳은 천국이 아니고
보통 사람들의 마을이었습니다.

조창원 박사님을 비롯한 많은 분들의 사랑과 노력으로 천형(天刑)의 섬이 행복(幸福)의 섬으로 바뀌었다. 한센 환자들이 눈물로 생활하던 버림받은 땅이 행복한 섬으로 살아났다.

그러나, 아직도 내면의 깊이에 숨어 있는 몇 분의 눈물어린 눈시울을 보기도 하였다. 그러한 작은 눈물을 씻기 위해 오마(五馬) 조창원 박사님은 오늘도 시를 짓고, 수필을 쓰며, 유화의 물감에 생명을 불어넣는 것이리라. 환자들을 치료하던 그 사랑과 정성이 그림과 글로 생명을 얻는 것이리라.

그리하여, 이제 소록도는 조금 더 사랑과 평화의 섬으로 거듭나리라 믿는다. 원래의 이름처럼 작은 사슴들이 뛰어노는 행복의 섬으로 자리하리라 기대한다. 그런 믿음과 기대로 조창원 박사님에 대한 사랑과 존경을 조금 꺼내어 밝힌다.

【부록】 기사로 본 조창원

『당신들의 천국』 (이청준 장편소설)

해마다 12월이 되면 어김없이 자선냄비와 함께 사랑을 호소하는 구세군의 종소리가 거리에 울려 퍼진다. 그 종소리에 호응하는 크고 작은 손들을 보면서 그래도 여전히 세상은 살 만한 곳이라는 생각을 하게 된다. 많은 사람은 말한다. 그대 행복을 원하는가? 그러면 사랑하라!

얼마 전 이 땅에서 가장 행복했을 수녀 두 분의 귀향 소식을 들었다. 40여 년 전 이 땅을 찾아와 소록도에서 한센병 환자와 더불어 사랑의 삶을 살았던 오스트리아 출신의 마리안(71) 수녀와 마가레트(70) 수녀가 그분들이다. 가족보다 더한 가족애로 한센병 환자와 함께했던 그분들은, 지난 삶에 감사하며 조용히 이 땅을 떠났다고 한다. 사랑의 벼리를 조용히 확인해 준 사건이다. 그분들이 지녔던 것은 권력도 자본도 명예도 아니었다. 오로지 가장 고통 받는 이웃들과 함께, 가장 낮은 곳에서, 운명을 같이하면서 꿈꾸는 '우리들의 천국'에의 소망 하나였을 것이다.

작가 이청준의 소망 역시 그랬다. 그의 '당신들의 천국'(1976년)은 소록도를 무대로 한센병 환우들과 병원장의 갈등을 중심으로 천국에 이르는 길의 어려움을 고뇌한 소설이다. 조백헌 원장은 선한 의지로 나환자들을 위한 '당신들의 천국'을 구상하고 실천하려 한다. 그러나 환우들은 '우리들의 천국'이 아닌 '당신'에 의한 '당신들의 천국'에 회의하며 협력하지 않는다. 환우들은 자유 의지와 사랑의 교감에 기초한 실천적 힘, 위나 밖으로부터가 아닌 안으로부터의 자생적 의지나 운명에 기초한 '우리들의 천국'을 소망했던 것이다.

"운명을 같이하지 않는 한에서의 어떤 힘의 질서는 무서운 힘의 우상을 낳을 뿐"이라는 사실을 깨달은 조 원장은 조용히 섬을 떠난다. '당신들의 천국'이 아닌 '우리들의 천국'을 모색하고자 한 조원장의 반성적 이념과 노력은 더는 구체적인 결실을 보지 못한다. 다만 윤해원과 서미연의 결혼 추진 사건을 통해 '우리들의 천국'의 가능성을 암시하는 것으로 소설은 끝난다. 사랑과 자유에 기초한 이 결혼이 암시하는 것은 일반의사에 입각한 공동의 행복 추구 가능성이다. 환자와 일반인, 우리와 당신들이 구별되는 천국이 아닌, 서로 교감하고 조화를 이루는 '우리들의 천국'의 씨앗이 거기서 자생적으로 움트기를 열망하는 것이다.

요컨대 타자와 구체적인 교감이 없던 주체의 선한 의지가 타자의 발견을 통해 어떻게 새로운 테제를 형성할 수 있을까 하는 가능성을 조심스럽게 점쳐 본 소설이 곧 '당신들의 천국'이다. 거기에는 삶의 현실과 이상적 소망, 주체와 타자 사이의 진정한 교감 가능성, 개인의 진실과 집단의 꿈의 화해 가능성, 자유와 사랑의 허심탄회한 조화 가능성 등 여러 가지 근본적인 문제의식이 담겨 있다.

이 소설이 집필될 때도, 그 이후에도 두 수녀는 줄곧 소록도에 살았다. 어쩌면 작가 이청준이 미처 끝내지 못한 소설의 완결편을 그

분들이 감당하려 했는지 모른다. 이제 그분들은 떠났지만 그냥 떠난 게 아니다. 그분들이 실천하고자 했던 '우리들의 천국'에의 소망, 곧 소설 '당신들의 천국'의 완결편은 여전히 현재진행형으로 우리 앞에 남아 있기 때문이다.

열아홉의 젊은 그대, 행복을 꿈꾸는가? 그러면 사랑하라!

우찬제 서강대 교수 문학비평가
〈동아일보〉 2005.12.15 열아홉 살의 필독서 50권 연재 50번

이청준 빈소 찾은 『당신들의 천국』 실제모델 소록도 조창원씨

"석 달 전 만남 때 남은 5개월 뭐 할까 묻더니…"

31일 오후 5시 30분 삼성서울병원에 차려진 이청준 작가의 빈소. 백발이 성성한 노인이 느린 걸음으로 들어왔다. 이청준 작가의 대표작 『당신들의 천국』에서 한센병 환자를 위해 헌신을 다했던 소록도병원장 조백헌의 실제 모델인 조창원(82 · 사진)씨였다.

"3개월 전 병문안을 왔었어요. 그때 고인이 '나 5개월밖에 못 산대요. 남은 기간 동안 뭐 할까'라면서 허허 웃더라고요. '에이, 이 사람아. 농담 마라'라며 같이 웃었죠. 그게 마지막이 될 줄 누가 알았겠어요."

이청준 작가는 1971년 소록도에 대한 글을 쓰고 싶다며 조씨를 찾아왔었다. 조씨는 당시를 생생하게 기억했다.

"참 선비 같은 사람이었죠. 젊은 사람이 버림받은 섬을, 소록도라는 비탄의 섬을, 아무도 알려고 하지 않는 이야기를 쓰고 싶다고 했어요. 처음에는 반신반의했죠."

그렇게 탄생한 『당신들의 천국』은 한국 현대문학의 '고전'이 됐다. "대견스럽고 자랑스러웠어요. 고인이 소설 쓰랴, 영화 하랴, 너무

바빠 자주 만나진 못했지만 가끔 전화통화를 하면 얼마나 구수한지 몰라요. 풍류를 즐길 줄 아는 사람이었습니다. 특히 국악을 참 좋아했는데….”

조씨의 눈가가 촉촉해졌다. “3년 전쯤 ‘아! 소록도’라는 다큐멘터리를 찍을 때 밀양에서 하룻밤을 같이 보낸 적이 있어요. 그때 소주를 주거니 받거니 했는데, 고인이 그랬어요. ‘당신을 주인공 삼아 글을 쓸 수 있었다는 게 감사하다’고. 제 대답도 똑같았죠. ‘그런 이야기를 써줘서 내가 더욱 감사해요’라고. 그게 엊그제 같은데….”

이날 고인의 빈소에는 각계 인사가 찾아왔다. 소설가 박완서 · 김승옥 · 김원일 · 김주영 · 최일남 · 성석제 · 김형경씨, 시인 정현종 · 황동규 · 이근배 · 김혜순씨, 문학평론가 김윤식 · 김병익 · 김치수 · 정과리 · 우찬제씨, 이어령 중앙일보 고문, 박맹호 민음사 회장, 유인촌 문화부 장관 등이 고인에게 애도를 표했다. 이명박 대통령, 김형오 국회의장, 이용훈 대법원장, 이건희 전 삼성 회장, 박삼구 금호아시아나그룹 회장 등은 조화를 보내왔다.

이현택 · 임주리 기자
〈중앙일보 joins〉 2008. 08. 01

소설'당신들의 천국'작가 이청준

— 실제모델 조창원씨 대담

'당신들의 천국' 을 쓴 소설가 이청준씨와 소설의 모델 조창원 원장이 오랜만에 서울에서 만남

〈이청준(李淸俊 · 64)씨의 장편소설 '당신들의 천국'(문학과지성사)이 최근 100쇄를 넘어섰다. 1976년 첫 출간된 이후 지금까지 30여만부가 판매된 '당신들의 …'는 나환자촌인 소록도에 부임한 현역 대령 조백헌 병원장의 고뇌와 갈등이 큰 축을 이룬다. 조백헌 원장의 실제 모델은 60, 70년대 소록도 병원장으로 일했던 현 영남의료재단 복지의료센터 조창원(趙昌源 · 77)원장. 소설에서 원장은 순수한 의지와 선의로 환자들의 천국을 건설하기 위해 득량만 매립 공사를 추진하지만 환자들의 불신과 외부의 도전, 내면의 번뇌와 뼈저린 싸움을 벌여야 한다. 그것은 실제 오마도(五馬島) 간척사업에 뛰어 들었던 조창원 원장의 고민이기도 했다.〉

소설의 100쇄를 맞아 소설가와 작품의 모델이 최근 서울 세종로 동아미디어센터에서 만났다.

조창원 : 이렇게 단둘이 '당신들의 천국'에 대해 이야기하는 것은 처음이지요? 이 선생에게 늘 감사했는데 그 마음을 이제껏 표현한 적이없네요.

이청준 : 제 소설 때문에 피해 본 것부터 말씀하여야지요.(웃음)

조 원장은 '당신들의 천국'으로 인해 간척사업 등 소록도 문제가

사회적으로 관심을 받게 되면서 병원에서 쫓겨나 강원 정선에서 규폐증 환자들을 돌보게 된다. 이후 대전을 거쳐 현재 밀양에서 이 일을 계속하고 있다.

조 : 오랜만에 이 선생을 만나니 1961년 9월초 소록도병원장으로 처음 부임해 가던 길이 생각나네요. 그때 환자와 같은 배를 타지 않으려는 직원들에게서 '거만'을 봤습니다. 아, 소록도는 '죽은 섬'이구나…하는 생각이 번쩍 들더군요.

이 : 아예 배가 따로 있었잖아요. 환자들은 노 젓는 배를 써야 했지요.

조 : 그랬지요. 이들에게 인권과 자유를 찾아주면 새 삶을 시작할 줄 알았는데 집과 사회, 국가에서 버린 것은 어쩔수가 없었습니다. 그래서 오마도 간척사업을 구상한 것이지요.

이 : 원장님이 주도하신 간척사업은 환자들에게 고향을, '새 땅'을 만들어주자는 뜻을 담고 있었습니다. 그러나 육지인들과 마찰을 빚고, 정치적인 문제가 얽히면서 나중에 사단이 생기고 말았지요.

조 : 소록도를 '죽음의 섬'으로 보지 않은 사람이 바로 이 선생이었어요. 진실하게 이 사람들의 이야기를 그릴 수 있다면 10만 나환자를 살리겠구나 하고 생각했습니다.

이 : 1974년 제가 소록도를 찾았을 때, 원장님께서 저를 무섭게 시험하셨지요? 원장님께서 소설을 쓰려면 환자들과 한두 달은 같이 지내야 된다고 하셨는데, 결국 깎고 깎아서 이틀만에 나왔던 기억이 납니다. 그때 하루종일 원장님과 정종을 몇 병이나 마셨던지요.

조 : 처음 봤을때 이 선생 인상이 참 차분했어요. 내 이야기를 잘 경청해줬지요. 이 선생이 그랬지요. '소설이니 사실과 허실이 있을 거다. 그러나 그 차이는 독자가 받아들여야 할 몫이다' 소설은 100년, 1000년 갈지모르니 사실 겁이 나더라고요.

이 : 원장님께서 당시 정치적으로 몰려 있던 상황이어서 '소설에서 안 좋게 그려지면 불이익이 돌아올 수도 있겠다'고 하셨지요. 그리고 보름 후에 구속이 되셨어요. '신동아'에 소설을 연재하는 중에 사모님과 따님의 전화도 받았습니다. 재판 등 현실적인 문제가 소설과 걸려 있어서 참 어렵게 썼던 작품이었어요. 그래서 소설 속 모델을 만나기가 두려웠습니다. 그 삶에 긍정적인 작용을 했으면 모르지만, 피해를 드렸다는 생각에….

조 : 허허. 나는 소설 덕분에 소록도와 인연이 끊어지지 않고 두터운 매듭을 이어 왔어요.

이 : 모델이 있는 소설은 완성되면 그것으로 끝이지요. 그러나 소록도와 원장님이 아직 살아 있고, 계속해서 일을 하고 계시잖아요. 원장님께서 소설의 2부를 삶으로 쓰고 계신 겁니다. 2부가 1부에 활력을 주는 것이지요. 소설 출간 이후 27년이 지났지만 독자들이 꾸준히 찾아주는 것은 원장님 때문입니다.

조이영 기자

하얀마을 http://bolg.daum.net/chskac/14286349

나환우 한과 눈물 머금은 아, 소록도

전남 고흥 소록도는 나환우들의 한과 눈물을 가득 머금고 있다.

그래서 유난히 슬프고 외로운 섬이다.

소록도 역사의 산 증인 조창원(바오로, 82)옹의 회고를 통해 세상에 알려지지 않은 그 한과 눈물의 역사, 그 속에서 피어난 하느님 사랑을 펼쳐 보인다.

1960, 70년대 국립 소록도병원장으로 근무한 조옹은 이청준씨 소설 『당신들의 천국』에서 나환우들을 이끌고 오마도 간척사업을 벌였던 군의관 조백헌 대령이 실제 주인공이다.

조옹은 2년 전 소록도 '벽안의 천사' 마리안느 수녀와 마가렛 수녀의 봉사 모습을 묘사한 그림을 포함해 자신이 보고 겪은 소록도 역사를 그림에 담아 평화신문을 통해 공개해 화제가 되기도 했다.

소록도 역사는 세상의 알려진 것이 거의 없다.

아니, 마땅히 알려져야 할 것들이 알려지지 않았다고 해야 맞다.

희망과 치유와 기적이 이뤄져야 할 그곳에서 벌어진, 비탄과 수난의 역사가 소록도 한센인들의 입을 봉인시켜 버렸기 때문이다.

인류가 소외된 이들을 상대로 저질러온 과오는 개선될 기미가 보이지 않는다.

과거 한센인이라는 이유만으로 자행되었던 멸시와 백하개 다시금 에이즈 같은 질병을 앓는 이들에게로 옮겨갔을 뿐이다.

이제 나 조창원은 주님 앞에 엎드려 기도하는 마음으로 그곳의 이야기를 쓰려 한다.

어두웠던 소록도의 새벽을 열고 희생과 봉사로 한센인들의 등불이 되어준 선각자들을 기리기 위함이다.

또한 소록도 한센인들처럼 소수자의 인권이 유린당하는 일이 더는 없기를 바라는 마음 때문이기도 한다.

내 이야기가 한 알의 밀알처럼 썩어 그곳을 거쳐간 많은 이들의 소중한 뜻을 기리고, 지금도 소록도에서 사랑을 실천하고 있거나 앞으로 하게 될 모든 이들이 되새길 만한 기록으로 남기를 바랄 따름이다.

특별히 45년을 한결같이 소록도 한센인들의 어머니로 사셨던 마리안느(Marianne Stoeger) 수녀님과 마가렛(Margreth Pissar다) 수녀님의 숭고한 사랑과 박애와 봉사 정신을 되새길 수 있도록 기념관 건립에 미력한 힘이 될 수 있다면 더 바랄 게 없다.

내 이야기는 소록도에 성모상을 건립하기까지 천주교가 보여준 사랑과 박애·박애 평화 평등의 정신을 되돌아보는 한편, 한센인들 의지로 시작되었으나 통한의 눈물로 돌아서야만 했던 오마도 간척사업에 대한 가슴 아린 기억을 펼쳐낼 것이다.

돌이켜보면 소록도와 인연을 맺어 이루거나 또 못다 이룬 모든 일들에 하느님의 역사가 함께 하지 않은 적이 없었다.

나의 이야기를 하느님과 천주교 이야기로 시작할 수밖에 없는 이유도 여기에 있다.

나와 소록도, 그리고 한센인들을 어루만진 모든 역사와 은총은 하느님의 정의와 사랑과 평화 그 자체라는 것 외에는 어떤 말이나 글로 설명할 길이 없다.

그러므로 모든 영광과 감사는 하느님에게 돌릴진저.

첫 번째 이야기, 소록도에 성모상을 모셔오기까지 천주교와의 만남에 대한 이야기를 시작하려니 오래 전 일들이 주마등처럼 지나간다.

나는 소록도에서 천주교를 만났다.

천주교를 만났다기보다, 한센인들을 자기 자식처럼 위해주는 수녀님들과 그들 영혼의 어머니이신 성모님을 만났다는 것이 더 올바른 표현일 것 같다.

그것은 그리스도가 온 인류에게 보여준 사랑이 육화한 모습이었다.

천주교가 보여준 사랑을 이야기하기 위해선 영아원과 보육소 이야기를 먼저 해야 한다.

내가 원장으로 부임해서 가장 먼저 한 일이었고, 나와 천주교를 만나게 해준 계기가 된 일기도 하기 때문이다.

소록도에 부임해서 본 천주교는 교세 확장만을 위해 일하는 개신교와는 달랐다.

미국인 마이클 신부님은 한센인들이 조금이라도 인간답게 살아갈 수 있도록 필요한 것을 찾아내 해결해 주려는 의지를 갖고 있었다.

또 기도나 축복을 말로 하기 이전에 그들에게 실제 도움이 될 수 있도록 노력을 아끼지 않았고 그것을 작은 것에서부터 실천하고 있었다.

나는 부패한 종교라고 믿었던 천주교가 왜 이렇게 변했는지 궁금했다.

그리고 천주교에 대해 관심을 가져보기로 마음먹었다.

그러던 어느 날, 장옥석 신부님과 김홍섭(바오로, 1915~1965) 대법

관님으로부터 새 교황이 제2차 바티칸공의회 개최를 선포하면서 새로이 거듭나는 천주교 모습을 제시했다는 얘기를 들었다.

교황 요한23세는 1959년 1월 25일, 제2차 바티칸공의회 개최 의사를 밝혔다.

그날은 그리스도교 일치를 위한 기도주간의 마지막 날이었는데, 그가 공의회 개최 의사를 밝힌 것은 사전에 계획된 것이 아니라 성령의 인도하심에 의하여 이뤄진 것이라고 했다.

때문에 이 사건은 모든 그리스도교 신자들에게 있어서 성령강림이라고 불러도 무방할 사건이었다고 전해진다.

성령의 강림. 이것은 사도행전에 나오는 성령강림 사건을 이야기하고 있는 것일게다.

다시 말해 오순절 다락방에 모인 초대교회 신자들이 체험한 성령강림 사건으로 인해 하느님의 구원 신비가 전 세계로 전파되기 시작했듯이, 교황 요한 23세의 공의회 개최 의사 표명 또한 새로운 그리스도교로 거듭나려는 의지를 선포하는 것에 다름 아니었을 것이다.

자기성찰의 결과로 나타난 교황의 이 담대한 결정은 시대 변화에 발맞춰 단순히 적응하고 살아남기 위한 교회의 모습에 머물지 않고, 완전한 의식변화를 전제로 한 교회의 실천을 중시한 것이었다고 할 수 있다.

내가 소록도에 성모상을 세우자 장옥석 신부와 김홍섭 대법관이 서너 차례 소록도에 찾아와 나환우들의 신앙생활에 관심을 나타냈다.

벽안의 두 수녀는 '한센인의 어머니'

이렇듯 일련의 변화를 겪어온 천주교 입장에서 보자면, 마리안느 수녀님을 한국이라는 작은나라 속 작은 왕국 소록도에 파견하는 일이 당연한 것일 수도 있다.

그러나 한센인의 자식일지언정 존귀한 생명체인 영아들의 복지와 인권에 희망의 빛을 주었다는 점에서, 소록도 병원장이었던 내게는 너무나 소중하고 구원과도 같은 사랑의 실천으로 다가올 수밖에 없었다.

누군가 소록도에 부임한 내게 "가장 운이 좋았던 사건이 무엇이냐?"고 물어온다면, 한 순간의 주저함도 없이 "마리안느 수녀님과 마가렛 수녀님과 같은 한센인들의 어머니를 기꺼이 보내준 천주교를 소록도에서 만난 사실"이라고 말할 것이다.

당시 내가 장로교 신자였음에도 불구하고 천주교가 신봉하는 예수의 어머니인 성모 마리아 상에게서 십자가보다 더 친근함을 느꼈던 것도 이 때문이다.

이는 내가 성모상을 소록도에 모시는 계기가 되었다.

이후 힘이 들고 어려움에 처할 때마다 그 앞에 가서 기도를 올리고 하느님께 도움을 청함으로써 용기를 얻는 생활을 하게 됐다.

조창원 바오로의 소록도 이야기…(평화신문 2008. 1. 6일자 발췌)
나눔 못자리 http:bolg.naver.com/wnwjqghkdgn/130084665819

《저자 조창원 선생 약력》

· 1926. 3. 11. 평안남도 평양 출생
· 1950. 서울대학교 의과대학 졸업
· 1961. 국립소록도 병원장 겸 오마도 개척단장 취임
· 1963. 대통령 표창 및 녹조훈장
· 1965. 국립마산병원장(결핵환자 전문병원) 취임
· 1966. 현 고려대학교 의과대학 의학박사 학위 취득
· 1669. 국립 재활병원 원장 취임
· 1970. 국립소록도 병원장 재 취임
· 1972. 3. 6~3. 11. 소록도 고사목근 공예전
(국립공보관 제2전시실)
· 1980. 근로복지공사 장성병원(현, 태백종합병원)
규폐센타 소장 및 원장 취임
· 1986. 대통령 표창
· 1990. 유성선병원 원장 취임
· 1991. 이화여대 의과대학 내과학교실 외래교수 역임
· 1994. 《대전일보》에 '대일논단' '한밭춘추' 집필
· 1995. 6. 4~6. 19. 유화개인전
('소록도의 빛과 어둠', 대전시민회관)
· 1996.10. 1~11. 17. 조창원 유화 개인 60점 회화전 개최
일본 동경 다카마츠미아기념관(한센병 재료관)—왕실 소속
(전시품 60점 전부 기증)
· 1998. 수필집(자서전)
『허허, 나이롱의사 외길도 제 길인걸요』 발간
· 2001. 2. 영남의료재단 복지의료센타 원장 역임

· 2000.11. 고려대학 부설 노동대학원으로부터 노동문화상
· 2000.11. 한국석탄회관에서 '검은 영혼들의 만남 유화'
30점 전시, 전품 태백시 석탄박물관에 기증
· 2002. 시집 『소록도 민들레』 발간
· 2003. 시집 『소록도, 다시 부르는 연가』 발간
· 2005. 시집 『소록도, 눈물의 노래』 발간
· 2008. 1 《평화신문》 '소록도 이야기' 24회 연재
· 2009. 7 명동성당에서 순교자의 꽃 전시
· 2009. 8 갈매못 순교성지에서 순교자의 꽃 전시
· 2009.10 해미순교성지에서 순교자의 꽃 전시
· 2011. 시전집 『소록도 세레나데』 발간

〈조창원 선생의 활동〉
· 《지구문학》 시부문 신인상 등단
· 밀양문학회, 밀양 예총 미술지부 회원(역임)
· 한국예술문학 총연합회 밀양지부 고문(역임)
· 사단법인 문학사랑협의회 고문(현재)
· 소록도를 사랑하는 사람들의 모임 고문(현재)
· 사단법인 평화를 위한 국제 워크캠프 고문(현재)

〈조창원 선생 소개〉
· 『사상계』에 '소록도의 반란' 수록(1996.10)
· 이청준 작가의 장편소설 『당신들의 천국』(주인공)
· 조선일보 이규태 논설위원의 '한국 100인 위인전' 수록
· 조선일보 이규태 논설위원의 '한국인의 초상' 수록

소록도 세레나데

조창원 시전집

초판 1쇄 발행 | 2011년 4월 25일
2쇄 발행 | 2011년 5월 30일

지 은 이 | 조창원
발 행 인 | 李憲錫
발 행 처 | 오늘의문학사
출판등록 | 제55호(1993년 6월 23일)

주 소 | 대전광역시 동구 삼성1동 125-6 한밭오피스텔 401호
전화번호 | (042)624-2980
팩 스 | (042)628-2983
홈페이지 | http://www.lito77.co.kr(홈페이지)
전자우편 | hs2980@hanmail.net

ISBN 978-89-5669-430-6
값 20,000원